메타트렌드시대가 온다

메타트렌드시대가 온다

지은이 마티아스 호르크스
옮긴이 박병화
펴낸이 이규호
펴낸곳 북스토리지

초판 1쇄 인쇄 2022년 2월 5일
초판 1쇄 발행 2022년 2월 15일

출판신고 제2021-000024호
10874 경기도 파주시 청석로 256 교하일번가빌딩 605호
E-mail b-storage@naver.com
Blog blog.naver.com/b-storage

ISBN 979-11-975178-8-4 03300

출판사의 허락 없이 내용의 일부를 인용하거나 발췌하는 것을 금합니다.
가격은 뒤표지에 있습니다

포스트코로나시대, 우리 앞에 펼쳐질 새로운 트렌드

메타트렌드시대가 온다

온다

DIE HOFFNUNG NACH DER KRISE:
WOHIN DIE WELT JETZT GEHT ODER
WIE ZUKUNFT SICH IMMER NEU ERFINDET

마티아스 호르크스 지음
박병화 옮김

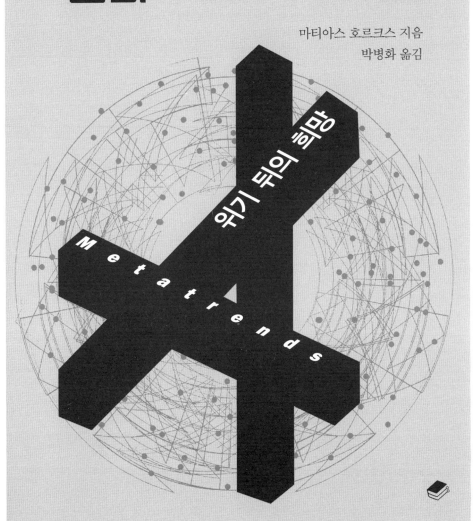

위기 뒤의 희망

Metatrends

추천사

나는 팬데믹이 재고 정리를 할 기회를 준 것에 대해 고맙게 생각한다. 그것은 우리에게 생활방식의 목록을 하나하나 꼼꼼하게 살펴, 시대에 뒤처졌기 때문에 치워야 할 것은 무엇인지, 앞으로 필요한 것은 무엇인지 생각할 기회를 제공한다. 우리는 이 팬데믹 상황을 맞아 대부분의 사람이 느끼듯, 다른 생물과의 공존이라는 문제에서 기로에 서 있다.

_ 코린 펠뤼숑(Corine Pelluchon) | 프랑스 철학자

시간의 질감 속에 뭔가가 숨어 있다.

_ 회그니 | 아이슬란드 송라이터

목차

■
들어가며
팬데믹의 굵은 메아리

세상을 바꿔놓은 1차 봉쇄조치Lockdown가 있고 반 년쯤 지났을 때였다. 내가 〈코로나 이후의 세계〉를 출간하고 몇 주 지나지 않은 2020년 여름에 지극히 아날로그 형식으로 된 편지 한 통이 우편함에 있었다.

봉투 안에는 고운 편지지에 (워터마크가 있는) 우아한 여자 필체로 다음과 같은 글이 담겨 있었다.

선생님이 쓰신 내용이 좋은 의도에서 나온 것은 분명합니다.

하지만 수레를 돌리기에는 너무 늦었습니다.

코로나는 자연이 인간의 뜻을 따르지 않는다는 것을 보여주었습니다.

경제는 끝없는 성장으로 치닫는 죽음의 행진이고 최빈국의 인구는 계속 늘어나고 있습니다.

최근에 한 경제학자의 말에 의하면, 설사 지금 당장 개발을 중단한다고 해도 모든 것은 끝없이 진행되면서 인류와 지구의 멸망을 가속화할 것이라고 합니다.

지구는 인간이 없어도 문제없고 오히려 아주 잘 나가죠.

우리 인간은 우리를 능력의 한계치까지 밀어붙이며 스스로를 파괴하고 있습니다. 그 때문에 모든 것이 무너지고 있습니다.

이렇게 느끼는

베르기슈글라트바흐의 헬레네 밀러

이 메시지의 분위기를 알겠는가?

몰락으로 끝날 역사의 결과를, 인간의 타락을 강조하고 있지 않은가?

그리고 필치가 정말 놀랍지 않은가?

그리고 꽤나 시적이지 않은가?

당신도 이렇게 생각할 때가 있는가?

이 편지는 좀더 집중해서 읽을 필요가 있다.

수레, 죽음의 행진, 멸망, 무너지다

이런 단어의 어원은 종교적 세계관의 죄와 벌 담론에서 연유한다.

위에 인용한 베르기슈글라트바흐의 헬레네 뮐러가 보낸 메시지는 잘 못된 가정임에도 꾸준히 세계적으로 통용되고 있는 내용을 담고 있다.

예를 들어 세계적인 출산율은 빈국을 포함해 이미 오래전부터 늘어나는 것이 아니라 떨어지고 있다. 수년간 미래비관론의 유령처럼 따라다니던 "인구 폭발"은 오늘날에는 해당되지 않는다.

트렌드는 변할 수 있다. 그러나 세계관은 헤어나오지 못하는 과거에서 비롯될 때가 많다.

성장도 탈물질화postmateriell 되어, 천연원료와 에너지 소비가 분리될 수도 있다.

편지를 좀더 자세히 들여다보면, 흥미로운 측면이 하나 더 드러난다. 우선 글쓴이는 아주 분명하고 매우 강력한 목소리로 스스로의 품위를 떨어뜨리고 있다. 글에는 뭔가 비장하고 감동적인 울림까지 배어 있다. 전 세계적 상황과 종말을 언급한다. 멸망이라는 말도 나온다.

그러나 그건 너무 나갔다. 그러면서도 글쓴이는 느낌이라는 부드러운 개념으로 자신의 관점을 끝맺고 있다.

동시에 이 글에는 뭔가 유쾌한 울림이 들어 있는 거처럼 보인다. 내면 세계와 외부인식이 아주 놀랍게 일치하는 것처럼.

여기서 선포되는 세계 멸망은 일종의 만족이나 마음의 평화를 발산하는 것으로 보인다.

만족감, 모든 문제가 한 번에 마무리된다. 모든 것이 완전히 투명하고 모순이 없어 보인다. 세상은 멸망하고 우리 인간은 모두 죄가 있다는 것이다. 이런 것을 어두운 구원die dunkle Erlösung이라고 부르기도 한다.

혹시 베르기슈글라트바흐의 헬레네 뮐러는 세계적 미래의 흐름에 대해 자기 스스로 포기하고 그래서 전 세계의 다른 사람들도 자신처럼 포기해야 한다는 뜻인 것은 아닐까?

만일 우리 인류가 아주 잘 대처한 것이라면 어떻게 되는가?

여기서 가벼운 이단적인 논제를 하나 제기하고 싶다.

우리는 코로나에 아주 잘 대처했다.

뭐라고?

나는 우리가— 개인이나 가족, 동네 주민으로서 또 "독일"이나 "유럽", "세계" 차원에서— 팬데믹이라는 이 어마어마한 도전에 결코 잘못 대처한 것이 아니라고 주장했다.

당신은 이 주장이 전혀 말이 안 된다고 보는가?

코로나 위기에 대해 무슨 말이든 할 수 있지만, 그건 아니라고?

모든 것이 완전히 망가지지 않았냐고? 전례 없는 재난이라고? 정치가 총체적으로 마비되었다고?

피폐된 인간 정신! 백신 재난! 어디서나 거리를 어슬렁거리며 사회를 분열시킨 무서운 코로나 대응의 적들! 사회적 연대의 결여! 불평등의 확대! 고통 받는 아이들! 당국의 무지! 숱한 사망자!

그런데 만일 이 불합리한 스타카토가 진실이 아니고 지나친 주장을 늘어놓는 것에 지나지 않는다면, 어떻게 되나?

어쩌면 우리는 무無코로나 전략에 성공해 사회 통합을 이룬 뉴질랜드처럼 해야 했는지도 모른다. 그러나 우리는 뉴질랜드처럼 하지 않았다. 우리는 멀리 떨어진 섬나라에 사는 것이 아니니 말이다. 또 우리에게는 국민 통합을 이룬 재신다 아던Jacinda Ardern 총리 같은 젊은 여성 파워도 없었다.

우리는 "국민" 때문에 어려움을 겪고 있다.

우리는 중국인처럼 일관성이 있어야 했는지도 모른다.

정말 그럴까?

미국과 영국은 너무 백신을 서두른 것이 아닐까? 물론이다.

하지만 우리는 지금 그쪽에서 대대적인 백신 캠페인을 벌이기 이전에 코로나 사망자의 비율이 아주 높았다는 사실을 잊고 있다.

또 이들 국가가 그 이후 경제력을 바탕으로 시장에 나온 백신 원료 1차 할당량을 매점하면서 백신 애국주의를 부추긴 것도 눈여겨봐야 한다.

누군가는 이 게임에서 항상 졌을 것이다.

코로나는 거의 어디서나 롤러코스터 같았다.

이탈리아는 초기에 수천 명의 사망자라는 끔찍한 트라우마를 극복해야 했다. 그리고는 정치 체제를 뒤집는 개혁 국면에 접어들었다.

엄격한 조치에 합의를 보지 못해 끔찍한 상황으로 빠져든 체코나 포르투갈, 폴란드 같은 나라도 있었다. 이들 국가에서는 이후 진행 과정에서 감염자 수가 일관되게 감소했다.

팬데믹 초기에 나무랄 데 없는 위기 대처 모범 국가였다가 2차, 3차 유행에서 심하게 시달린 나라도 있고 그 반대의 경우도 있다.

처음에 대수롭지 않던 인도는 3차 유행 때, 대혼란에 빠졌다.

코로나 문제가 거의 없었던 오스트레일리아는 면역력이 강하다고 생각해 거의 백신 접종을 하지 않았다.

방역 모범국이라던 대만에서조차 무無코로나 전략 1년 후, 갑자기 대유행이 번졌다.

스위스와 스웨덴의 경우는 곳곳에서 몸살을 앓았지만 나름대로 장점도 가지고 있었다.

모두가 피해를 당했고 실수를 범했다. 모두가 올바른 길을 찾으려고 고군분투했다. 싸우고 고통을 당하고 눈물을 흘리면서.

모든 국가는 또 끊임없이 자기 주장을 펴느라 실패를 거듭했다.

그들은 자기들의 잘못된 신념과 환상과 자신들의 과대평가 때문에 실패했다.

우리가 이 위기를 어떻게든 잘 극복했다고 생각하는 것이 왜 그렇게 어려운가? 아마 이것은 완벽한 것을 요구하는 우리의 태도와 관계가 있을 것이다. 세상의 요구에 부응하려면 국가나 경제, 정치, 지역사회 등 모든 것이 완벽하게 작동해야 한다.

우리는 단순하게 위기의 국면에서 아주 특별하게 완벽을 요구한다.

우리는 하향 비교를 선호한다. 완벽하지 않은 것은 언제나 더 나빠진 것이다. 나는 이런 태도를 악화일로주의Immerschlechterismus라고 부르기도 한다. 이런 식으로 우리는 우리 자신과 남들에게 고마움을 모른다. 끔찍한 동시대인이 되는 것이다.

이때 우리는 미래의 관점에서 코로나 위기를 전혀 다른 눈으로 볼 수도 있을 것이다. 사상 최초로 거의 모든 국가는 전반적인 경제적 위험을 무릅쓰고 상대적으로 늙고 힘없고 허약한 사람들을 때 이른 죽음에서 구해주기로 합의를 보았다.

역사적으로 이런 일이 한 번이라도 있었던가?

이것은 놀라운 문명의 진보가 아니던가? 적어도 진보의 시도라고 할 수 있지 않을까?

그것은 "인류"와 인류의 미래에 관해 뭐라고 하는가? "우리"는 정말로 우리 스스로 끊임없이 묘사하듯이 타락하고 저주받은 바보일까?

코로나는 유일무이한 재앙이었는가? 아니면 그것에도 희망이 들어 있었는가?

우리는 우리를 괴롭히고 방해하던 뭔가가 결국 끝날 것이라고 기대했다. 그러나 코로나는 절대 끝나지 않았다.

우리는 지금 "팬데믹 균형"이라는 방향으로 나아가고 있다.

이것은 용납할 수 없었던 것이 용납할 수 있게 변하는 상황이다. 이것은 사망률이 높은 다른 질병에서도 흔히 일어났던 현상이다.

이 책은 희망에 관한 책이다.

칸트 식으로 말한다면 "우리는 무엇을 희망할 수 있는가Was dürfen wir hoffen?"에 관한 책이다. 코로나를 통해 우리의 삶이 이르게 될 터무니없는 기대에 관한 책이다. 또 거기서 우리가 배울 수 있는 것에 관한 것이기도 하다.

뜬금없는 것 같지만, 이 책은 동시에 현재의 위기를 통해 긴급한 현안이 된 미래에 관한 의문을 다루기도 한다.

즉, 세계는 정말 멸망하는가?

우리 인간은 종으로서 저주받은 것인가?

미래는 이미 끝난 것인가?

"세계"가 과연 멸망할까?

모험으로서의 위기

실망과 희망

모든 위기는 4단계로 진행되는 일종의 탐험이나 모험 여행으로 생각할 수 있다. 이때 제3단계가 모든 것이 무너지는 실제의 "위기"다.

이 단계론을 주장하는 사람들은 1년간 행성 궤도에서 보낸 우주 비행사들, 강풍이 몰아치는 만년빙의 연구 기지 어둠 속에서 수개월을 보낸 극지 연구가들, 혹은 수개월간 바다 밑에서 생활한 잠수함 승조원들이다.[1]

남극 탐험 중 635일간 얼음 속에 갇혔던 극지 탐험가 섀클턴은 1년 뒤에 남극해에서 자신의 팀을 덮친 어둠의 분노에 대해 전했다.

팀원 간에 다툼과 폭음, 각종 사고가 늘어나고 동상으로 팔다리가 잘려나갔으며 목숨이 오락가락하는 위기가 겹쳤다. 규율은 자기 연민의 늪에 빠져 실종되었고 반란의 조짐이 만연되어 있었다.

제3단계의 현상

위기의 네 단계는 다음과 같다.

1. 처음의 행복감: 싸울 준비, 출발 준비!
2. 익숙해지는 단계: 일상화의 정착
3. 피로와 비난: 신경과민과 의미 상실
4. 귀환과 희망: "새로운 표준"의 출현

위기-카타르시스

카타르시스("정화"라는 뜻을 지닌 고대 그리스어 $\kappa\acute{\alpha}\theta\alpha\varrho\sigma\iota\varsigma$)는 내적 갈등과 감정이 폭발 지경으로 치솟는 상태를 말한다. 이상적인 경우에는 내면이 정화와 수용의 변화를 겪으며 감정이 분출된다. 부정적일 때는 감정이 하향 곡선을 그리며 해체되다가 우울증으로 이어진다.

제3단계 효과는 비정상적인 결과를 안겨주는 내인성 호르몬인 인체의 도파민 시스템과 관계가 있다.

발사대에서 우주선이 발진할 때, 처음에는 모든 에너지가 총동원된다. 관계자들은 아드레날린이 넘치는 한껏 도취된 상태에서 극복하고자 하는 위험을 직시하며 투쟁 의지를 불태운다.

2020년 봄에 맞닥트린 제1차 코로나 파도가 그랬다.

두 번째 단계에서는 습관화 과정이 전개되는데, 이때 우리를 상호 연관성과 이완 상태로 몰고가는 옥시토신이 작용한다. 코로나 사태에서 모

세 번째 위기 단계: 모두가 서로 난도질하기 바쁘다

든 것이 이미 끝난 것처럼 보인 2020년 여름에 그랬던 것처럼.

하지만 탐험이 더 오래 걸릴 때, 우리는 에너지 위기에 빠진다. 정확하게 2021년으로 해가 바뀌는 시점에 감염자 수가 다시 증가하면서 사회 분위기는 약탈자의 분노 수준으로 돌변했다.

미디어 시스템은 다시 **경쟁적인 불만**Competitive Complaining [2]을 쏟아내기 바빴는데, 한탄과 책망 일색의 이런 경쟁은 서로 뺨을 때리는 부정적인 효과만 일으킬 뿐이었다.

혼돈의 이 세 번째 위기 단계에서는 책임 추궁으로 진이 빠지는 도덕적인 여론전이라고 할 "마이네리티스Meineritis"가 벌어진다.

내 친구 미하엘 레오퍼Michael Lehofer는 〈나와 더불어Mit mir sein〉라는 그의 저서에서 이런 "잘못된 생각Vermeinung"의 효과를 다음과 같이 설명했다.

특히 어쩌면 좋을지 방향 설정을 할 수 없는 상황에서 우리는 방향을 모색하는 대신 자신의 의견을 정하는 경향이 있다.

이런 내적인 태도로 인해 우리는 능력이 닿지 않는 안전판을 세상에 제공해야 하는 처지가 된다. 아주 흔하게 나타나는 이런 이론의 단점은 이미 의견을 통해 우리가 사태를 있는 그대로 안다고 생각한다는 것이다.

따라서 우리는 더 이상 호기심을 갖고 세상을 주의 깊게 살피지 않는다. 의견은 뭔가에 대한 관심을 접게 하고 세상과 우리를 단절시킨다.

결국 우리는 인지 과정을 종료하고 세계를 설명하는 논평의 위치로 이동한다.

위기는 통제력 상실을 의미한다.

위기는 언제나 해결할 수 없는 딜레마를 제시한다. 이것이 위기의 본질이다. 그리고 세계적인 전염병 사태에서 내리는 모든 조치는 어떤 의미에서 잘못된 것이다.

전면적 폐쇄, 전면적 개방, 학교 폐쇄, 상점 폐쇄, 어린이 예방 접종, 야간 통행 금지, 신중한 개방 등 우리가 원하고 선호하고 불가피하다고 판단했던 조치가 무엇이든, 어떤 과학적, 종교적 기준을 따르든, 다른 어딘가에선 치명적인 결과를 초래했다.

그러므로 실제의 위기를 통해 할 수 있는 것은 **길을 탐색하는 것**뿐이다. 인간은 언제나 미지의 영역에 있다.

그때 깨어 있는 인간은 내적인 학습의 길로 들어선다. 변화의 과정으로 들어서는 것이다. 그리스인들은 이것을 카타르시스라고 불렀다.

이것은 현실과 혼동을 일으키는 환상이나 속임수와의 작별을 의미한다. 그러면 시야가 다시 선명해진다.

역설적이지만, 해결책이 등장하는 것은 바로 제3단계다.

자책과 외부 비난의 소동 한복판에서 사태는 이미 오래전에 결정된 것이나 다름없다.

이제 개별적인 인식과 오류가 모여 효과의 체계가 잡힌다.

위기의 끝이 시야에 들어오지만 인간의 뇌는 이미 탈진과 비방으로 길을 잃은 상태다.

"기쁨은 저항의 한 가지 형태다."_앨리샤 키스

제4단계가 되면 우리는 운 좋게 우주에서 지구로 귀환할 수도 있다. 혹은 탐험선을 타고 사람들이 환호하며 박수갈채를 보내는 항구로 들어올 수도 있을 것이다.

그러나 도중에 변화를 거쳤을 때만 이 환호성을 들을 수 있다.

그렇지 않으면 부두의 벽은 낡은 회색빛으로 보일 것이고 악대의 행진도 소음으로만 들릴 것이다.

그러면 전에 좌절을 맛본 곳에서 다시 시작해야 한다.

냉소주의라는 전염병

코로나는 내가 전염병 같은 냉소주의라고 부르고 싶은 현상을 초래했다. 아니 그 현상을 유도했다.

냉소주의Zynismus는 부정적인 특성을 미화한 말이다. 냉소적인 사람들은 놀라는 법을 잊었다. 세계를 변화의 대상으로 보게 해주는 원초적인 호기심인데도 말이다.

냉소주의의 변형 중에 가장 조잡한 것은 권력의 냉소주의다.

코로나 시대를 겪으며 우리는 트럼프, 푸틴, 보우소나루, 루카셴코 등 대단한 거짓말쟁이들을 많이 경험했다. 한결같이 철저한 냉소주의로 권력을 장악한 남자들이다.

코로나는 거짓말을 기반으로 하는 이런 권력의 냉소주의를 더욱 극명하게 보여주었다.

전염병이 창궐하는 팬데믹 시대에 포퓰리즘이 전반적으로 힘을 쓰지 못하는 까닭은 사회를 배려하는 태도와 전혀 관계가 없기 때문이다. 코로나 사망률이 독재국가에서 유난히 높았고 특히 그곳 사람들이 절망했다.

냉소주의는 또 일종의 내면적인 속임수이기도 하다.

인간 존재와 뗄 수 없는 고통을 우회하는 정신적 전략이라고 할 냉소주의는 부정적인 우월감이 바탕에 깔려 있다.

냉소주의자는 하향 비교의 달인이다. 그는 자신이 현실로 체험한 것을 항상 자신의 요구와 비교한다. 그의 요구는 언제나 완벽을 지향하기 때문에 그의 눈에 들어온 현실은 "터무니없는 것"의 영역으로 분류된다. 이런 부정적인 차이에서 그의 경멸적인 태도가 나온다.

냉소주의자들은 실패를 좋아한다. 그들은 우월한 태도를 통해 자부심을 갖는다. 그들은 언제나 모든 것을 알고 있었고 언제나 모든 것을 더 잘 안다고 생각한다. 그것은 오로지 정신적 염증밖에 불러일으키지 않는 광적인 인터넷 통신과 디지털 세상의 악의, 끝없는 말싸움의 분위기다.

음모론도 냉소주의의 변종이다.

"모든 것의 배후에는 빌 게이츠가 있다."는 식의, 비밀을 아는 것 같은 분위기로 자신을 감싸면서 아무도 자신을 방해하지 못하게 한다.

음모론자들이 볼 때, 그들의 망상을 받아들이지 않는 사람은 순진하게 "잠자는 양"이다. 이때 양들은 그들의 두려움에서 결코 깨어나지 못한 존재다.

또 하나의 냉소주의 변종은 **누적된 부정성**gestapelte Negativität 이라고 부를 수 있다. 이 같은 태도에서 비판적인 것이나 회의적인 것은 신비로운 세계관으로 미화된다. 긍정적인 것이나 더 나은 것은 순수한 환상의 이데올로기로 변한다. 이런 태도는 내면의 절망감에서 오는 오만이다.

전직 기자로서 나에게는 "슈피겔의 냉소주의"가 아주 낯익은 것이다.

이 시사 주간지의 스토리를 보면 대개 '그러나'나 '하지만'이라는 말이 모든 기사의 처음과 끝을 장식한다.

다음과 같은 문장에서 흔히 그런 표현을 접한다.

"각급 학교에서 디지털화가 추진되고 있다. '그러나' 모든 것이 예상보다 훨씬 열악하다……

한 가지 환경문제는 해결되었다. '하지만' 그로 인해 다른 환경문제가 더 악화된다……

현실의 범죄는 줄어든다. '그러나' 이런 상황은 곧 바뀔 것이다……

전쟁은 끝났다. '그러나' 아직 끝난 것이 아니다……

접종 속도가 이제 빨라지고 있다. '그러나' 이제 가정의들은 백신 배포 문제로 싸우고 있다."

이런 식으로 세계는 끝없는 하향 소용돌이에 휘말린다.

누적된 부정성은 더 이상 돌파구가 없을 때까지 문제를 쌓아놓는다. 절대 성에 차는 법이 없다. 모든 해결책은 더 큰 문제를 유발한다.

결코 성공하는 법이 없으며 성공해도 그것은 언제나 무의미하다.

절망의 음조다.

제임스 본드식으로 표현하자면, "007 언리미티드, 세상은 절대 만족을 모른다The world is never enough!".

냉소주의에는 또 다른 변종이 있다. 부의 냉소주의와 빈자 경멸의 냉소주의다. 과시적 소비의 냉소주의. 종말론적 냉소주의.

냉소주의의 모든 형식 중심에는 관계 거부가 깔려 있다. 상대를 거부하는 태도다. 냉소주의는 타인에 대한, 고통과 삶에 대한 위로와 애착을 거부한다. 그리고 미래에 관한 것도 거부한다.

냉소주의자는 무엇보다 인간의 삶에 필요한 자기애를 거부한다.

"지구는 인간이 없어도 문제없고 오히려 아주 잘 나가죠. 우리 인간은 능력의 한계치까지 밀어붙이며 스스로를 파괴하고 있습니다. 그 때문에 모든 것이 무너지고 있습니다."

위기는 우리를 흔들어 깨우고 "지금까지 방식대로 계속 사는 것"에 의문을 품게 만든다. 위기는 우리에게 "나에게 정말 중요한 것은 무엇인가?"라는 물음을 던진다.

그와 관련해 나는 어떤 책임을 지고 싶은가? 그뿐만 아니라 대부분의 사람은 그런 도전을 통해 더욱 강해진다.

설사 궁극적으로 손실을 보고 보상받지 못한다고 해도, 손실을 건설적으로 극복하고 대립을 통해 성숙하고 성장하는 것이 가능하다.

말테 클라, 레아 돔[3]

심각한 모욕

코로나가 우리에게 무슨 짓을 한 걸까? 코로나는 대단한 모욕이었다. 단 한 방의 부당한 요구였다.

- 우리는 인간의 허약함에 직면했다. 우리가 원하고 오랫동안 당연하게 생각했던 것과는 달리, 하이테크 문명 속에서 우리가 우리 환경을 통제할 수 없다는 사실도 깨달았다.
- 우리는 인간의 상호 종속성에 직면했다. 인간이 자연과 미시세계에 예속되었다는 것을 확인했다. 단순히 "당국에" 맡길 수 없는, 우리와 다른 사람들에 대한 책임도 알았다.

이런 모욕, 그야말로 이런 실망은 당연히 엄청난 에너지를 쏟아낼 수밖에 없었다. 상황을 부인하려는 노력은 엄청났고 귀가 먹먹할 정도로 시끄러웠다. 그러나 24시간 내내 대응 실패를 주제로 한 토크쇼가 진행되고 모든 TV 카메라가 "코로나 정책 반대 시위"의 매혹적인 장면에 집중하는 동안에도, 대다수를 차지하는 수많은 대중은 서로 인내하며 침착하게 대응했다.

위기가 절정에 이르렀을 때에도 독일 국민의 약 3분의 2는 "고통스럽고 단호한 조치"를 취해야 한다는 의견이었다. 불안이 극에 달했던 2021

년 3월, 현실화된 악몽처럼 위기가 끝없이 이어질 것처럼 보였을 때, **코로나 대응 반대자들**Corona-Gegner 은 고립된 소수였다. 다수는 의학적인 전망이 전혀 생각과 달랐는데도 낙관적인 태도를 유지했다.

코로나 위기는 새로운 결정, 삶의 변화라는 의미에서 실제로 얼마나 많은 사람의 삶을 변화시켰을까? 그런 변화는 언제나 점진적이고 다양하며 측정하기가 어렵기 때문에 그에 대한 절대적인 수치는 없다.

하지만 글로벌 퓨처Global Future라는 영국의 싱크탱크에서 조사한 바에 따르면, 응답자의 3분의 2가량이 직장이나 인간관계, 거주지와 관련한 설문에서 새로운 출발을 했다고 답한 사실이 드러났다.[4]

10년이나 20년이 지난 미래에 우리는 이 위기를 어떻게 돌아보게 될까?

- 우리는 "지금"을 세계적인 위기가 시작된 고난의 시절로, 전쟁과 복지 상실과 문명 붕괴를 부른 **팬데믹 시대**로 기억할까?
- 미래의 시점에서 돌아볼 때, 이 위기는 별로 중요하지 않은 일상의 단절 정도로 기억될까? ("아, 외출이 허용되지 않았던 그 이상한 겨울을 말하는 거야?")
- 아니면 이 코로나 위기를 통해 우리가 아직 분명하게 보거나 인식할 수는 없어도 느끼거나 예감할 수는 있는 뭔가 새로운 제3의 사태가 발생하는 것은 아닐까?

위기의 역설
카타르시스와 창의성

나의 책 <코로나 이후의 미래>에서 나는 "레그노스^{Regnose}"를 소개한 바 있다. 현재의 시점으로 미래를 바라보는 프로그노스^{Prognose}와 달리, 레그노스에서는 우리가 타임머신을 타고 상상의 미래로 이동해 현재를 돌아본다.

그런 방법으로 우리가 경험하는 것은 변화된 체험이다. 새로운 눈으로 세계를 보는 것이다.

한 발 더 들어가 보자. 어쩌면 돌아가 본다고 할 수도 있을 것이다. 그러면서 이중의 레그노스를 시작해보자. 다시 미래로 성큼 돌아오기 위해 과거를 바라본다. 거기서 현재를 더 잘 이해하기 위해서다.

대재난은 인간의 문화를 어떻게 변화시켰는가?

미생물과 박테리아가 사는 깊숙한 지하실로 내려가 그들과 인간종의 관계를 알아보자.

과거에 일어난 팬데믹과 유행병, 전염병, 그리고 그 밖의 재난은 인간의 문화를 어떻게 변화시켰는가?

14세기의 유럽을 상상해보자. 고대의 대제국은 수세기 전에 멸망하고 없었다. 지속적인 소규모 전쟁과 동시에 진행된 민족 대이동과 기사 시대를 거치며 유럽 인구는 오랫동안 낮은 수준으로 유지되다가 다시 서서히 늘어나고 있었다.

유럽 대륙은 누더기가 된 조각이불 같았다. 오로지 가족의 생계 수단에 의존하는 인구 저밀도 지역은 자율적인 몇몇 무역도시 군과 대조를 이루었다.

특히 북이탈리아와 론 강 유역, 북해의 네덜란드 해안 도시가 발달했다. 최초의 세계화 파도는 비단이나 향료, 직물, 담배 등 중동이나 극동의 사치품을 부자들에게 가져다주었다.

이 무역로를 통해 페스트균도 따라오게 되었다. 오늘날 세계적인 항공망을 따라 코로나가 전파되는 것과 같다.

이 세계의 통치체제는 덧없고 추상적이거나 매우 잔인했다.

무엇보다 성직자가 최종 심판자로 군림했다. 교회를 지배하는 황금의 광채, 미래의 영광, 풍요로운 낙원의 분위기는 곳곳에 만연한 궁핍과 기막

흰 대조를 이루었다.

그러나 동시에 이 세계는 사회적으로 정신적으로 꿈틀대고 있었다. 각 도시에서는 상인과 장인으로 이루어진 신흥계급에 의해 봉건법이 도전을 받았다.

역사가 클라우스 베르크돌트Klaus Bergdolt는 〈유럽의 흑사병Der Schwarze Tod in Europa〉에서 "불신앙과 미래에 대한 불안이 성직자와 시민 계급을 괴롭혔다."라고 쓰고 있다.[5] 게다가 기후 변화도 있었다. 15세기 전반의 유럽은 기후가 훨씬 차가워졌다. "소빙하기"가 시작되면서 동시에 농산물 수확이 줄었다.

> 사람들은 걱정되고 너무도 불안한 나머지 위로를 받으려고 여럿이 모여서 밥을 먹었다.
> 한 사람이 10명의 지인에게 식사를 제공하기도 했다.
> 하지만 이내 식사 대접을 더 이상 못하게 되었다.
> 주인 자신이 병이 들었기 때문이다. 혹은 10명을 위해 준비해도 2~3명이 오지 못하는 일이 생겼다.
>
> _ 조수에 카르두치[6]

1347년에 아시아에서 건너와 유럽 대륙을 휩쓸고 적어도 주민 3분의 1의 목숨을 앗아간 페스트는 - 코로나 바이러스와 마찬가지로 동물에서 사람으로 또 그 반대로 전염되는 – 이 신흥 세계에 엄청난 절망감을 안겨 주었다.

인간의 삶을 다룬 종교 영화에서는 페스트를 신의 징벌로, 최후의 심판의 시작으로 묘사한다. 그에 대한 반응 역시 처음에는 경건하면서도 광신적이었다. 채찍질하는 사람들이 거리를 누볐고 유대인 학살과 마녀 화형이 만연했다.

그러나 동시에 교회 권력이 무너졌다. 사람들은 의문을 품기 시작했다. 무슨 엄청난 죄를 지었다고 그런 고통을 견디어야 한단 말인가?

왜 그 모든 신앙심은 이런 재난을 막지 못했단 말인가?

신의 뜻은 정말 "뜻"이 맞을까?

페스트가 끝나면서 새 시대가 시작되었다. 극심한 사회적 변화라고 할 르네상스 시대가 열렸다. 경제, 가치와 믿음의 체계, 사고방식, 조직체계 등 모든 것을 침투하는 강력한 사회문화적 변혁이 일어났다.

역사가 프랭크 스노든Frank Snowdon 은 말한다.[7]

선線 페스트는 공중 보건의 도입으로 이어졌고 문화와 경제의 엄청난 변화를 낳았으며 중앙집권 국가체제가 형성되는 데 기여했다.

(……)

그것이 산업혁명으로 이어졌다는 말까지는 하지 않겠지만 이 전염병은 산업혁명이 일어날 수 있는 기본 전제 중 하나였다.

물론 잘못된 인과관계를 주의해야 한다. 역사는 직선으로 나가는 것이 아니라 놀라울 만큼 순환 구조를 이룬다.

특히 전염병은 사회적 의무라고 할 오래된 합의를 깨트릴 수 있는 고유한 특징을 가지고 있다. 그를 통해 사회 저변에 잠재해 있던 정신적, 사회적, 혁명적 조류가 분출된다.

15세기 중엽에 새로운 사고를 지닌 새 시대가 시작되었다. 처음에는 스스로 선택한 검역소에서 페스트를 피해 살아남은 소규모 지식 엘리트 계층에서 일어났다.

대표적인 걸작은 보카치오의 〈데카메론〉이었다.

이 작품은 100가지의 단편을 통해 페스트 시대의 **인간의 조건**Conditio Humana 을 묘사한다. 역병으로 시민 4분의 3이 죽어나가는 동안. 10명의 젊고 부유한 피렌체 시민은 피렌체 주변 고원 지대의 영지에 칩거한다.

그리고 이들은 매일 재미난 이야기를 서로 주고받는다. 죄인과 범인과 잘못한 사람, 성직자, 각종 사고, 인간관계, 성적 망상, 그 밖의 갖가지 모험을 주제로 한 이야기가 총망라된다.

풍자와 조롱으로 가득한 인간의 복마전을 보여주는 바로크 작품으로 음탕하고 퇴폐적이며 실존주의적인 자취가 감지된다.

여기서 신성한 질서의 사고방식은 대재앙을 맞아 해체된다. 그리고 범죄와 도덕적 타락을 관대하게 처리하는 새로운 인간상이 나타난다.

이로써 중세 후기까지만 해도 닫혀 있던 개인의 존재가 가능성의 영역으로 들어간다. 인간 자아에 대한 깨달음과 동시에 현세에서 인간정신의 실현과 발전이 시작되는 것이다.

새로운 가능성의 공간

이런 상황은 포스트 코로나 시대인 오늘날과 어떤 유사성이 있을까? 사회의 핵심적인 변화는 언제나 일정한 사고방식이 한계에 부닥칠 때 분명히 나타난다.

페스트는 신에게 복종하는 종교체계를 더 이상 미래가 없는 한계로 몰고 갔다.

코로나는 우리가 직선적인 특징을 지닌 기술의 세계 진보에 대한 믿음을 더 이상 실감할 수 없는 단계까지 몰고 간 것으로 보인다.

모든 것이 점점 더 효율적이고, 빠르고, 네트워크로 연결되며, 더 안전하고 동시에 더 만족스럽게 보호받는 세상에서 살 수 있다는 약속도 못 믿게 되었다.

이 시대의 미래 코드라고 할 "디지털 자본주의"에 대한 약속도 구덩이에 빠졌다.

극심한 위기의 발생을 통해 낡은 미래는 닫히고 새로운 가능성의 공간이 열린다. 이 가능성의 공간은 처음에는 미처 채워지지 않아 닫혀 있고 황량하다. 이것이 불안하기 때문에 많은 사람이 다시 낡은 표준Alte Normal 으로 돌아간다. 과거에 우리가 안전하다고 했던 것 말이다.

하지만 그곳에서 우리는 왠지 모르게 불편하고 불안함을 느끼며 길을 잃는다.

하나의 패러다임에서 다른 패러다임으로 넘어가는 그러한 과도기의 전형적인 특징은 강력한 레트로피아Retrotopien 다. 이것은 존재하지 않는 이상화된 과거로 억지로 돌아가려는 흐름을 말한다.

트럼프나 '독일을 위한 대안AfD '식 포퓰리즘과 다를 바 없다.

중요한 것은, 우리가 이런 상황에서 낡은 방법과 사고방식으로는, 또 과거의 틀로는 새로운 것을 만들어낼 수 없다는 것을 깨닫는 것이다. "해결책"은 언제나 새로운 관점을 의미했다.

행복 및 인지연구가인 슈테판 클라인Stefan Klein 은 『어떻게 세상을 바꿀 것인가?Wie wir die Welt verändern 』에서 다음과 같이 말한다.

막다른 궁지에서 벗어나는 길은 두 단계로 이루어진 과정에서 열린다.

첫 번째 단계에서 사람들은 알려진 개념으로 문제를 해결하려고 애쓰다

가 마침내 실패를 인정할 수밖에 없게 된다.

두 번째 단계에서는 변화가 생긴다.

문제가 재구성된다.[8]

기술과 사회기술

15세기의 페스트 대유행 또한 경제적인 여파를 몰고 왔다. 이것은 궁핍

기를 거쳐 새로운 사회 구조를 낳았다. 페스트 이전에는 노예나 다름없는

노동력 자원이 항상 풍족했지만, 역병에 따른 대규모 사망으로 인간의 노

동력이 급격히 부족해졌다. 동시에 많은 젊은 생존자들이 갑자기 부를 상

속받고 노동과 멀어졌다.

사람이 하는 일은 값이 올라갔다.

다른 계획을 세워야 했고 새로운 구조가 필요했다. 여기서도 "페스트

와 코로나" 사이에 유사점이 나타난다.

근대 인간의 탄생 연도는 흑사병의 해인 1348년이었다.

_에곤 프리델[9]

기술은 통치자의 이익과 값싼 노동의 공급 과잉으로 처음에는 빛을 보지 못할 때가 종종 있다.

이미 모든 근대 기술을 확보한 14세기 중국에서는 인쇄술과 화기, 기계역학을 이용하지 않았다. 기술은 기껏해야 황제로 대표되는 목적에 기여할 뿐이었다.

페스트가 창궐한 유럽에서 인쇄술이 나올 수 있었던 까닭은, 성서를 필사할 값싼 "필경사"를 갑자기 구할 수 없게 되었기 때문이다. 그렇게 해서 또 다른 사회적 소통체계가 나타난 것이다. 이는 현대에 인터넷이 등장한 것과 비슷하다.

사회경제적 혁신은 언제나 위기와 연관된다.

베네치아를 비롯한 도시국가는 1630년 무렵에 페스트가 창궐하자 은행과 조세 및 사회 시스템을 개혁했다.[10] 이와 더불어 예술과 건축에서뿐 아니라 일반 교육의 초기 형태에서도 장기적인 투자 전략이 나왔다.

많은 이들이 줄곧 살아오던 마을과 지역을 떠났기 때문에 사회적 유동성이 확대되었다.

영국에서는 농민 반란이 일어났고 상인과 수공업자를 위한 조합과 훈련 시스템이 형성되었다.

역병을 막기 위해 협조 체제를 구축하고 전반적으로 페스트의 화를 면한 브뤼헤와 밀라노에서는 그 이후 무역도시로서 오랫동안 전성기를 누렸다.

위기 발생 이후에는 생활방식에 대한 저항도 있었다. "남자들은 야만인 스타일로 수염을 길게 길렀다."[11]

하지만 마침내 근대의 문을 연 르네상스의 결정적인 변화는 문화 자체의 내부에서 나온 **기호학적 변화**Semiotic Shift였다.

르네상스는 종교 교리에 예속된 모방의 시대를 마감했다. (중국과 이슬람 문화권은 이후로도 수세기 동안 "복제 문화"에 머물렀다.) 복제 문화에서 새로운 것이나 색다른 것은 뿌리를 내리지 못했다. 최고의 목표는 전통의 재현이니 말이다. 사회의 의미는 기존의 것을 완성하는 데 있었다.

회복력

과거를 이상화해서는 안 된다. 르네상스는 페스트의 끔찍한 고통을 통해서 발생한 것이 아니라 그 이후의 반응에서 태동한 것이다.

의학적 용어로는 이런 과정을 '외상 후 성장posttraumatisches Wachstum'이라고 하는데, 끔찍한 경험과 극심한 충격을 통해 대항력이 형성된 놀라운 현상을 가리키는 말이다.

심리학자인 라인하르트 테데스키Reinhard Tedeschi와 로렌스 캘헌

Lawrence Calhoun은 바로 이 효과를 연구했는데, 그것이 바로 어마어마한 위기에서도 저항과 성장이 가능한 회복력이다.

두 사람은 위기 상황에서 절망과 부정성에 대한 저항력으로 작용하는 다섯 가지 현상을 기술하고 있다.

1. 삶 자체에 감사하는 태도 증가 – 고마움의 재발견
2. 의미가 더 충만해진 인간관계 – 비생산적인 관계와 단호한 결별
3. 뭔가에서 "살아남을 때" 나타나는 개인적으로 강해진 느낌 (그럼에도 불구하고의 감각)
4. 새로운 가능성에 대한 의식 – 새로운 삶의 목표와 가치 발견
5. 더 풍요로운 정신적 삶에 대한 강한 애착

인류의 조상은 이런 저항력을 항상 이용했는데, 살아남기 위해서였다. 기본적으로 인간의 문명을 구성하는 것은 모두 여기서 나왔다.

개인적으로 볼 때, 이런 회복력의 과정은 사람이 중병에 시달리다가 색다른 모습을 보여줄 때 나타난다.

인류의 역사를 밀고 나가는 위기 메커니즘은 진화의 원칙에 따라 작동한다. 진화는 실패(멸종)와 돌연변이의 표본을 따라 진행된다. 인간문명은 이제 미래를 조립할 때 적응이라는 부품을 추가한다.

위기는 우리 인간에게 특정 방향으로는 더 이상 나갈 수 없다고 말해

준다. 우리는 다른 길을 가거나 그 길을 거부할 선택권이 있다.

건강의 역설

위기의 시대에 인간은 더 건강하게 산다. 그리고 더 오래 사는 경우도 많다.

몇몇 국가에서 코로나는 평균 기대 수명을 수개월 단축시킨 것이 분명하다. 하지만 수명을 더 늘린 상반된 효과도 있다. 위기의 시대에는 번영의 시대보다 때로 기대 수명이 더 빨리 늘어난다.

1929년에 세계적인 경제 위기가 닥쳤을 때, 선진국 국민은 대부분 기아와 불안, 빈곤에 시달렸다. 그럼에도 1929년부터 1933년까지 평균 기대 수명은 57세에서 63세로 늘어났다.

위기 상황에서는 건강에 효과를 주는 무의식적인 다른 행동이 분명히 나타난다. 고독은 "결속 강화"로 보상받는다. 많은 사람이 더 많은 수면을 취하고 가족 사이는 더 가까워진다.

특히 노년층은 가족으로부터 더 보호받으면서 유대가 강화된다. 빈번한 외출이나 과도한 이동 등의 흔한 스트레스 요인이 줄어든다.

직접 요리하는 시간도 늘어난다. 소수는 음주나 마약을 과다 사용하는 경향을 보인 반면, 다수는 단것의 소비를 줄였다(보상해줄 일이 줄었기 때문에).

중국에서는 코로나로 인한 봉쇄 기간에 심장병 사망자가 6.2퍼센트, 사고에 따른 사망자는 9.2퍼센트, 폐질환 사망자는 14.3퍼센트가 감소했다. 과학자들은 전체적으로 40일간의 봉쇄 기간에 공기의 질이 개선됨으로써 평소라면 다른 질병으로 사망했을 중국인 약 3만 2,000명이 목숨을 건진 것으로 평가한다.

이 숫자는 코로나19로 인한 공식적인 희생자 통계 4,600명보다 훨씬 많은 것이다.[12]

권력 이동으로서의 위기

재난에 대한 인간의 표준적 사고 모델은 "문명의 얇은 껍질"이라는 명제에서 출발한다. 일상의 구조가 붕괴될 때는 모두가 피에 굶주린 눈으로 서로에게 달려든다.

미국의 문화사가인 리베카 솔닛Rebecca Solnit 의 〈지옥에 세워진 낙원 A Paradise built in hell〉이라는 뛰어난 사회학 연구서에서는 다른 결론을 내린다.

대규모 재난의 발생이 – 지진, 화산 폭발, 엄청난 태풍, 홍수와 범람 등- 사회에 특이한 사회적 변혁을 일으킬 수 있고 대대적인 연대의식을 가져

9 · 11 사태 이후 뉴욕의 만남의 광장이 된 "유니언 파크"

올 수 있다는 것이다. 재난에 대한 저항의 순간에 인간은 자신의 한계를 뛰어넘는 경우가 많으며 인간의 집단적 생존 본능이 활성화된다고 한다.

솔닛은 예를 들어 1906년의 샌프란시스코 대지진 때, 집과 작은 점포를 잃어버린 피부 미용사 겸 마사지사인 아멜리 홀스하우저Amelie Holshouser의 사연을 들려준다.

이재민이 된 홀스하우저는 살기 위해 골든게이트 파크에 조그만 텐트를 쳤다. 도시에 불길이 치솟는 동안 홀스하우저는 친구와 함께 이재민을 위한 수프를 끓이기 시작했다.

몇 주가 지나자 그 일대가 텐트촌으로 변했고 마침내 통나무 오두막을 비롯한 다양한 건물이 들어섰다. 여기서 사람들은 함께 생활했고, 서로 의지하고 잠자고 식사하며 친척을 찾았다.

홀스하우저는 자신이 세운 공간을 "미즈바Mizpah 카페"라고 불렀는데, 히브리어로 망루라는 뜻이다. 이곳은 평등주의에 가까운 인간관계라는 독특한 사회적 구조를 가진 일종의 소공화국이 되었다.

돈은 별다른 역할을 하지 못했으며 봉사정신이 들불처럼 번져나갔다.

또 다른 연대의 물결은 뉴욕의 9·11 테러 이후 나타났다.

이 무렵 도시는 온통 트라우마에 시달리는 사람들로 가득했다. 실업자가 된 레이브 디제이 한 명이 일단의 친구들과 일종의 해프닝 행사를 열었다. 이들은 맨해튼에 있는 작은 공원 유니언 스퀘어에 판지로 된 벽을 설치하고 사람들이 각자의 느낌과 생각을 펠트펜으로 적을 수 있도록 했다.

이 행사는 수주 동안 이어졌는데, 이곳은 공적인 "힐링 장소"가 되어 사람들은 여기서 애도하며 음악을 연주하거나 춤을 추거나 밤새도록 미래에 관한 토론을 했다.

그러나 재난 이후에 자발적으로 조직된 시민과 국가조직 사이에서 대립이 발생하는 경우도 적지 않다.

2005년 뉴올리언스의 대홍수 때 그랬다. 홍수 이후 3일간 미국의 대중매체에는 폭력적인 약탈과 "강간 갱단"에 대한 가짜뉴스가 쏟아졌다. 이들은 시내의 "슈퍼돔"에서 심지어 아기들에게까지 폭행을 했다는 것이었다. 방송 토크쇼에서는 그곳에 시체가 높이 쌓여 있다고 전했다.

　주 방위군은 이곳에 진입해서 시민 단체와 구호 기관의 구조 활동을 방해하고 무장 경비원들의 보호를 받는 캠프 내의 수재민들을 억류했다. 이와 동시에 참상이 장기화되면서 실태는 더 악화되었다.

　　지진이나 폭격 또는 대규모 폭풍우의 그늘에서 사람들은 대부분 이타적이며 자신과 주변 사람들, 이웃이나 낯선 사람들을 돌본다.
　　이기적이고 공황상태에 빠지거나 퇴행적으로 "야만인이" 되었다는 사람들에 관한 신화에서는 진실이라곤 찾아볼 수 없다.
　　이것은 수많은 연구와 경험을 통해 입증되었다.
　　그러나 소문과 엉터리 믿음이 진실보다 앞서고, 언제나 재앙의 그늘에서 야만인에 대한 대책을 세워야 한다고 믿는 자들을 통해 커다란 피해는 반복해서 발생한다.

_리베카 솔닛[13]

　자발적으로 생겨난 재난 공동체인 "재난 커뮤니티"는 곧 해체되지만, 그것은 사회적 변화를 이끌 때가 많다.

　1985년에 멕시코시티에서 발생한 대지진은 (1만 명 이상의 사망자와 35

만 명의 이재민을 낸) 10년 가까이 지속된 저항과 변화의 시대를 위한 출발점이 되었다. 지진은 부패 정치의 벽을 허물어버렸다. 시민 위원회와 자발적으로 설립된 운동은 대규모 시위로 개혁을 추진할 수 있었다.

노숙자가 된 수많은 "피해자들Damnificados"은 함께 뭉치고 현대적인 조치가 내려질 때까지 장기적인 압력을 가했다. 무너진 공장에 다녔던 여성들은 이후 강력한 노조를 설립하며 특별한 역할을 했다.

빈민을 위한 주택이 건설되었고 수십 년간 추진되지 못한 인프라 사업이 갑자기 가능해졌다. 2,000만 인구의 도시에서 보건 및 교육 서비스가 대도약을 이룬 것은 재난을 통해 사람들이 새롭게 단호한 태도를 취했기 때문이다.[14]

다시 리베카 솔닛의 말을 들어보자.

재난의 역사는 우리 인간이 무엇보다 사회적 동물이며 감각과 의미뿐만 아니라 인간관계에도 굶주려 있다는 것을 보여준다.

이것은 "정상적인 생활"이 본디 재난이며 위기와 재난은 우리에게 변화의 가능성을 제공하는 경우가 많다는 추정을 가능케 해준다.

위기와 재난은 보통 우리를 억제하고 봉쇄하는 벽의 균열이며 그때 흘러 들어오는 것은 엄청나게 파괴적이지만 동시에 창조적일 수도 있다는 것이다.[15]

코로나 위기 또한 그러한 "권력 이동의 위기"인가? 언뜻 보기에 그것은

분명치 않다. 그러나 그럼에도 불구하고 코로나는 많은 국가의 정치 구조를 크게 변화시켰다.

많은 국가에서 – 가령 미국이나 브라질, 어쩌면 러시아와 필리핀에서까지 – 비록 즉시 권력 교체가 일어난 것은 아니지만, 포퓰리즘은 코로나로 인해 마법 같은 화려한 광채를 상실했다. 오히려 반대로 여성 주도로 위기를 넘긴 나라에서는 여성의 권한이 강화되었다.

그 밖에 이탈리아 같은 나라에서 팬데믹은 수십 년간 이어진 무의미한 당쟁을 무력하게 만든 정치적 카타르시스를 불러일으켰다. 물론 팬데믹을 둘러싼 조치에서 국가가 결정적인 역할을 하기는 했지만, 많은 국가에서 무게 중심이 민간 기구로 이동했다.

예를 들어 인도 정부가 파국적인 제3차 유행 기간에 침묵에 빠져 있는 동안, 칼사 에이드Khalsa Aid나 헴쿤트 재단Hemkunt Foundation 같은 풀뿌리 비정부기구는 희귀한 자원인 산소에 관한 대책을 세웠다. 얼마나 상징적인가![16]

코로나 위기를 돌이켜보면 정치적 스펙트럼의 구조가 근본적으로 변할 가능성이 전혀 없는 것도 아니다.

좌파–우파 혹은 신자유주의–사회주의라는 정치적 양극 체제와 마침내 결별하는 "통합적" 정치 형태로 나갈 가능성도 있다.

바이든의 통합 정치와 녹색당의 성공에서는 (그 밖에 "해적당"처럼 세계적으로 번지는 독립적인 운동에서도) 정치의 존재를 중심 과제로 보는 "새로운 통합 정치"가 나타나고 있다.

20세기의 사고 개념을 끝없이 반복하는 대신, 사회를 통합하고 미래의 변화를 이끌어내자는 것이다.

대대적 변화 : 유전자, 밈, 대중문화

"전쟁 얘기는 하지 마!" 코미디 시리즈 "폴티 타워스Fawlty Towers"에 나오는 이 말은 앵글로색슨-독일계인 나의 집 주방 식탁에 걸려 있다.

이 말은 몬티 파이선Monthy Python 멤버로 유명해진 존 클리즈John Cleese로부터 유래한다. 이 말에 크게 주목할 생각은 없으며 그저 풍자적인 인용일 뿐이다. (물론 시리즈의 한 대목에서 독일 방문객들 앞에서 전쟁은 계속 언급된다.) 하지만 전쟁과 그 결과를 말할 때면 우리는 고통스럽고 아주 불안한 인식을 하기 마련이다.

역사상 최대의 문명의 위기와 가장 어두운 야만 시대, 세계사상 가장 살인적인 시대는 적어도 세계의 상당 부분에 엄청난 발전을 가져다준 획기적인 변화라고 할 대대적인 근대화를 초래했다.

내 조부모는 동독 드레스덴 부근의 피르나 출신이다. 전후 공산주의

치하인 그곳에서 살길이 막막했던 그들은 내가 태어나고 1년 후에 서독으로 도피해왔다.

조부모는 마이센 도자기와 벽토 천장으로 장식된 아름다운 옛집을 떠나 난민촌에 정착했다. 침대 12개가 들어 있는 방에서 서로 떨어진 채 잠을 자야 하는 곳이었다. 그 후 두 분은 루르 지방에 있는 정부 보조 주택에서 여생을 보냈는데 한 번도 고향이라고 느껴보지 못한 곳이었다.

내 부모는 이미 1년 앞서 베를린에서 서독으로 넘어왔다.

전시와 나치 시대를 거치며 내 가족 3대가 실제로 얼마나 충격을 받았는지, 그리고 왜 거의 광적이다시피 정상 상태를 추구했는지 이해하는 데는 거의 내 반평생이 걸렸다.

그리고 그것을 이해하는 데 끝없이 실패했다.

"대대적인 서구의 변화"는 전후 1960년대부터 세기 전환기까지 완성된 것으로 어쩌면 역사상 최대의 르네상스였을 것이다.

모든 문명의 확실성과 연속성을 파괴한 나치 제국으로 인해 생성된 카타르시스는 결과적으로 사회의 기반을 완전히 뒤집어 놓았다.

이를 테면 수렵채취문화에서 농경사회로 넘어간 것과 맞먹는 변화였다. 다만 농경사회로의 변화는 1만 년 이상 지속되었다는 차이가 있다.

허약한 민주주의에서 권력 분립과 시민권, 견제와 균형이 확고히 자리잡은 제도적인 민주주의로 바뀐 것이 불과 30~40년 만의 일이니 말이다.

의회 민주주의가 등장해 세계의 절반 이상을 정복했다. (내가 어릴 때인 70년대까지만 해도, 오늘날 미얀마나 벨라루스의 군부처럼 고문하고 총살하는 잔인한 군사독재를 하는 곳이 서유럽에 5개국이나 있었다.)

제국 이후 독일문화의 특징이 된 속박전체주의는 자아 실현과 개인의 자율성을 중시하는 역동적인 중산층 사회로 변했다.

의무와 책임, 타율성으로 구성된 삶의 의미를 탈피해, 자유롭고 성적으로도 해방된 개인주의가 부상했다.

기본적인 감각의 원칙으로서 쾌락주의의 승리는 선택의 자유로서 소비주의와 결합했다. 그리고 결코 이것은 소수만을 위한 것도 아니었다!

광적인 공산주의와 파시즘으로 특징 지워진 20세기 전반기의 이데올로기화된 세계상은 실용주의적이고 물질주의적인 세계관으로 용해되었다. 이러한 현대의 중심 사상은 공동선으로서의 번영과 계급이라는 낡은 장벽의 해체, 전체를 위한 교육의 중요성 강조였다.

대중문화는 결국 모든 감각의 폭발을 가져왔다. 일찍이 로큰롤의 에너지와 팝의 다양한 장르에 (프랑스 영화에서 워홀과 테크노, 그 너머까지) 몰입했던 사람은 정신과 감각의 새로운 유토피아를 경험했다.

이런 신세계는 모든 방향에서 세계로 나가는 자유와 강렬함의 길을 열었다.

대중문화는 순수한 형식으로 된 희망의 에너지였다. 감각과 감정, 자기 인지, 삶의 감각으로서의 황홀경이었다.

하지만 모든 것이 너무 빨랐는지도 모른다. 그리고 그 때문에 오늘날 어둠을 향해 역방향으로 나가는 것처럼 보일 때가 많다.

자연은 변화의 매개체로서 유전 암호만 알고 있다.

그 외에 인간문명은 변화의 주체로서 밈^{Meme}을 가지고 있다. 문화의 암호이자 사회의 부호라고 할 밈은 제2차 세계대전이라는 대재앙의 시기 이후 사상 유례 없는 빠른 속도로 변이를 겪었다.

세계는 단 하나로 연결되었다.

메메시스

밈의 창세기. 멤(mem)이라는 단어에서 파생된 메메시스(memesis)는 암호와 부호, "풍속과 관습"의 변이를 거치며, 동시에 사회적 변화를 통해 바뀌어가는 사고의 틀과 아이디어 세계에서 표현되는 문화사회적 변천 과정이다.

작고 아이러니컬하게 집중된 형식 속에서 밈들은 수년 전부터 사이버 문화의 중요한 부분이 되었다. 그러나 이때는 마이크로 밈이라는 말을 더 많이 쓴다. 밈은 "연결성"을 통해 변이하며, 과거와 미래의 문화적 틀을 끊임없이 새롭게 연결하면서 이를 통해 문화적 변이를 만들어낸다.

물론 새로운 여명기의 문화 변천으로서 대변화(Big Shift)가 항상 올바른 방향으로만 나가는 것은 아니다.

서구 강대국의 치명적인 전쟁이 있었다. 서구의 경제 호황기 초기에는 여전히 식민주의적 요소가 들어 있었다.

한때 자유를 약속했던 과도한 소비지상주의는 오늘날 우리 미래의 최대 문제점이다.

관용이라는 이름으로 자행되는 많은 경계 해체는 오늘날 사회적 합의의 함정임이 입증되고 있다.

그러나 전후의 변화는 사회 형태가 단기간에 얼마나 근본적으로 미래화할 수 있는지 보여주는 예다.

모든 것은 그대로 머물러 있는 것 같지만, 갑자기 엄청나게 빠른 속도로 변한다.

그리고 이미 우리는 완전히 다른 삶의 세계에 살고 있다. 그것이 우리 세대의 경험이다.

사회적 풍토는 우리 생각보다 더 강력하게 변하고 있다.

만일 우리가 타임머신을 타고 1981년으로 돌아간다고 가정해보자.

예를 들어 우리는 얼마나 많은 사람이 담배를 피웠는지, 얼마나 많은 시간을 지린내 나는 공중전화부스 앞에서 꽉 끼거나 헐렁한 바지 주머니 속의 동전을 절그럭거리고 누런 이빨을 갈면서 기다렸는지를 알고는 충격을 받을 것이다.

여자라면 남자들이 드러내놓고 외설적인 대화를 하는 것을 보고 화가 치밀 것이다. 비非 백인이라면 걸핏하면 등장하는 인종주의에 분노할 것이다.

_ 니얼 퍼거슨[17]

하지만 우리는 코로나를 경험함으로써 다시 과거의 괴로운 물음에 직면한다는 것을 알게 된다.

그것은 "인간은 무엇으로 진보하는가?"처럼 대답하기 곤란한 질문이다.

위기는, 심각하고 끔찍하고 잔인한 위기는 어느 정도나 불가피한 것인가? 그보다 위기는 오히려 모든 종류의 변화와 진보를 위한 조건이 아닐까?

그렇다면 더 나은 세상을 위해 앞으로 얼마나 더 나빠져야 하는가?

에이즈의 역설

에이즈는 코로나 이전에 마지막으로 전 세계에 크게 퍼진 전염병이었다. 나는 80년대 아직 젊었던 우리가 성적 만족을 위한 자기 실현의 꿈에서 깨어나며 오싹한 기분으로 떨던 기억이 난다.

당시 나는 『템포』라는 라이프스타일 매거진에 깊이 좌절하는 기사를 쓰며 새로운 여명기는 끝났다고 말했다. 좋은 시절은 다 갔다고 했다.

에이즈는 고상한 체하는 새로운 시대를 열 것이고 관용의 측면에서 모든 진보를 파괴할 것이며 동성애자의 환경은 더 악화되지 않으면 게토로 변할 것이라고 주장했다. 그러나 실제로 일어난 것은 그 반대였다.

오늘날 동성애자의 결혼을 허용하는 나라는 36개국이나 된다. 세계적으로 보면 많다고 할 수는 없다.

대신 동성애자문화는 지극히 다양한 방법으로 세계 곳곳에 퍼져 있다. 동성애자의 생활방식과 동성애자의 미학, 동성애자의 코드는 현재 이성애자문화에 강력한 영향을 준다.

요즘 게이가 되는 것을 편하게 생각하는 사람이 얼마나 많은지, 그것이 얼마나 일상화되었는지 알면 놀랄 정도다. 문화적 기본 부호화가 이렇게 급격히 변한 적은 별로 없었다. (이 과정이 아직 완료되지 못하고 끊임없이 위험에 처하며 적지 않은 나라에서 억압을 받는 것이 사실이다.)

요즘, 에이즈는 코로나에 비할 것이 못 된다고 말하는 사람이 많다. 에이즈는 극소수의 사람에게 해당된 문제 아니냐는 것이다.

그렇다면 에이즈가 얼마나 많은 사람의 목숨을 앗아갔을까? (코로나는 아마 500만 명이 넘는 사람의 목숨을 앗아갈 것이다.) 무려 3,800만 명이나 된다!

많은 전문 저자군과 사회학자들은 어떻게 이런 "진보적 역설"이 나왔는지 생각을 거듭했다. 하필이면 만물을 차별하는 전염병이 어떻게 새로운 관용을 베푼 것일까?

여기에는 두 가지 요인이 있을 것이다.

- 게이 환경은 쾌락주의적 틈새시장에서 탈피해 자기 방어를 위해 조직화되어야 했다. 이로 인해 그 환경은 가시화되고 효과를 일으켰으며 다른 해방운동과 연대했다.
- 끔찍한 죽음을 통해, 동성애는 모든 가정, 모든 기업, 모든 문화 영역에 존재한다는 것을 "정상사회"에 똑똑히 보여주었다. 장기적인 측면에서 사람들은 자신이 좋아하거나 지지하는 가까운 사람을 지속적으로 비난하기가 힘들었다. 이런 정서적 부조화 속에서 공감하는 분위기가 문화적 규범을 이겼다.

따라서 에이즈 재앙은 위기의 점진적 회복력을 보여주었다. 인간은 감정 이입의 존재이므로 끔찍한 것도 선과 정의를 불러낼 수 있는 것이다. 그에 대한 조건은 감성적인 태도를 유지하는 것이다.

우울한 얘기지만 스스로를 불행으로 모는 것이 우리 인간의 약점이라고 할 수 있다.

진보의 비밀

왜 그런데도 세상은 더 나아지는가?

2010년 11월, 나는 세계통계학자인 한스 로슬링Hans Rosling을 알게 되었다. 신 고딕 양식으로 된 옥스퍼드 도서관의 안뜰에서 그를 만났는데, 많은 성벽과 탑과 아치가 있는 17세기의 건축이라 〈해리포터〉에 나오는 호그와트처럼 보이는 곳이다. 비가 쏟아지는 날이었다.

두툼한 안경에 비옷을 입은 홀쭉한 남자가 손에는 주머니칼을 들고 손전등으로 젖은 덤불과 무성한 담쟁이를 비추고 있었다. "지시봉으로 쓸 만한 것을 찾고 있어요." 그가 흥미로운 스칸디나비아식 영어로 말했다. 그러더니 나중에 강의할 때 지시봉으로 쓰기 위해 구부러진 가지 하나를 잘랐다.

로슬링은 세계적인 투자회사에서 주최하는 그 행사에 나처럼 초대받은 사람이었다.

전 세계의 은행 시스템이 막 무너졌을 때라 다들 새천년 10년간의 화려한 잔치는 끝났다고 생각했다. 사람들은 미래연구가인 로슬링과 나에게 위로받고 싶어 했다.

초대장에는 "제발 낙관론 좀 보여줘요!"라는 문구가 쓰여 있었다.

가능성의 마술사

한스 로슬링은 "역동적 통계학"이라는 새로운 분야의 스타였다. 모든 곡선에서 디자인의 대상을 만들어내는 동영상 차트인 인포그래픽 information graphics의 전성기였다.

한스 로슬링은 세계적인 명성을 얻기 전이었지만, (실제로는 사후에 얻은) 그때 이미 놀라운 "월드 버블"을 가져와서 먼지 낀 옥스퍼드 도서관의 낡아빠진 프로젝터로 보여준 적이 있었다.

이때 그는 화면에 다채로운 원을 띄워놓고 기아와 삶과 죽음에 관한 세계적 통계를 보여주었다. 또 그는 구부러진 나뭇가지로 세부 항목을 가리키며 열정적인 논평을 했다. 그는 지루해 보이는 정보를 너무도 재미있게 설명했기 때문에 청중은 끊임없이 웃어댔다. 그러면서 희망을 품었다.

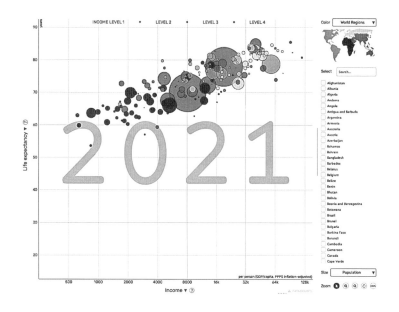

2021년의 세계 번영 상태를 보여주는 갭마인더 데이터 시트. 원의 크기는 인구 규모를 나타낸다. 소수의 예외는 있지만 오늘날 모든 국가는 20년 전보다 더 잘살고 더 오래 산다.

강연 도중에 나지막이 "퍽퍽" 소리를 내며 연기를 피우던 낡은 프로젝터는 결국 작동을 멈추며 고장이 나고 말았다. 장내는 순식간에 웃음바다가 되었다.

소년 같은 매력을 풍기는 한스 로슬링은 움직이는 통계용 공을 가지고 우리가 익히 알고 있던 미디어의 세계와는 완전히 다른 세계를 보여주었다. 끝없이 불행이 확대되고 기아와 빈곤 앞에서 정치의 무기력을 보여주는 세계가 아니었다. 200년간의 세계 번영 발전에 관한 모든 기본 데이터를 포함한 그의 **갭마인더**Gapminder 데이터 시스템은 ("승강장과 열차 사이의 틈을 조심하라"는 런던 지하철의 유명한 안내 방송을 의미하는 "마인드 더 갭Mind The Gap"에서 나온) 놀라운 결과를 보여주었다.

실제 세계는 장기적으로 역동적인 상승 추세를 가리키고 있었기 때문이다. 기대 수명, 보건, 소득, 출산율, 소득 분배, 범죄, 교육, 여성 권리 등 실제로 복지의 기반이라고 할 모든 매개 변수는 모든 국가에서 평균적으로 개선되었다.

온갖 위기에도 불구하고 나아졌으며 어쩌면 위기로 인해 나아진 것인지도 모른다.

천재적인 데이터 해석자, 한스 로슬링

1973년에는 모든 사람의 47퍼센트가 읽고 쓸 수 있었던 데 비해, 오늘날(2020년 기준) 그 비율은 75퍼센트로 올라갔다.

1995년에 글로벌 중산층Global Middle Class에 속하는 사람이 16억 명이었다면, 현재는 38억 명에 이르며 이 숫자는 매일 급속히 늘어나고 있다.

중국이나 인도, 브라질처럼 경제대국에서는 신흥 중산층 사회로 가는 조짐이 곳곳에서 드러나고 있다.

고리의 세계

이 세계관이 위기나 재난을 부정하는 것은 아니다. 오히려 그 반대다. 빈곤에서 번영으로 나가는 발전선은 20년이나 50년마다 곡선이나 둥근 고리를 그린다.

위기 고리는 전쟁이나 전염병, 경기 침체 혹은 정치적 소요, 자연 재난, "불량정부Bad Government"로 인해 그려진다.

이런 요인이 겹칠 때, 사회경제적 발전은 특히 큰 타격을 받는다. 그러면 일정한 시간이 지나 한 나라의 기대 수명은 뚝 떨어지고 소득도 마찬가지다. **실패국가**Failed States가 생겨나는 것이다.

하지만 언젠가는 이 불량 고리를 벗어나 추세가 다시 상승한다.

어디나 예외가 없다.

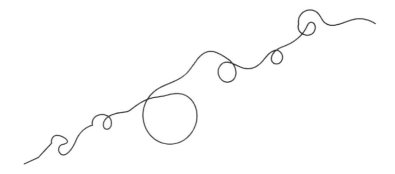

200년 이상 추적한 한 나라의 고전적인(평균적인) 번영선

이것이 익숙지 않은가? 개인의 삶도 마찬가지다. 어린 시절, 첫 번째 위기는 작은 흔들림이다.

친척이나 애지중지하는 개가 죽거나 이사를 가야 하는 일이 있을 수 있다. 그리고 다시 일상이 이어진다. 그런 다음에 사춘기가 온다. 본격적으로 위력을 발휘하는 고리다.

평온해 보이는 성장기를 지나 어른이 되면 커다란 가정의 위기가 찾아온다. 이혼은 모든 것을 바꿔놓는다. 그리고 우리를 고통에 빠트리는 노인병 등등….

물론 이런 요인으로 끝없이 하락할 수도 있다. 그러나 그것은 실제로 우리를 계속 전진할 수 있게 해주는 침입이다. 그런 침입에 우리가 어떻게 반응하는가에 따라 우리의 미래가 결정된다.

중병이나 불행한 사건을 겪은 사람들이 놀랍게 발전을 계속하는 일은 아주 흔하다.

늘 똑같은 기대 세계에 머무는 사람은 발전이 어려울 수밖에 없다. 불행의 침입이나 위기가 없으면, 이상하게도 밋밋한 상태를 벗어나지 못한다.

반복 순환
────────────

재탄생
────────────

퇴행

일반적인 고리가 보여주는 것은 복잡한 과정의 비非선형적 본질 nonlineare Wesen 이다. 언제나 한 방향으로만 나가는 추세는 있을 수 없다. 복잡한 시스템은 포화점을 생성한다는 특징이 있다.

그것은 위기를 반복 순환으로 강요한다는 점에서 포괄적인 역학의 일부다. 이런 위기에서 낡은 것은 (미완성의) 새것과 결합하여 새로운 통합체계가 된다. 재탄생이다.

아니면 퇴행이 시작된다. 다만 그 확률은 크지 않다. 퇴행에서는 (사고나 조직, 발전의) 전 단계로 돌아간다. 우리가 도달한 복잡성이 무너진다. 위기가 찾아올 때, 언제나 이럴 가능성이 있다.

그러나 새로운 복잡성으로 발전할 확률이 훨씬 크다. 복잡한 체계의 본질은 뭔가 출현한다는 것이기 때문이다. 늘 새로운 형식과 자기 조직의 색깔로 발전한다는 말이다.

이런 보편적 '세계 역동성 모델Welt-Dynamik-Modell'을 간단하게 세속적으로 표현한다면, "위로" 올라가기 위해서는– 더 높은 복잡성에 이르기 위해서는– 공중제비를 넘어야 한다.

공중제비는 일정한 위험이 따른다. 그러나 성공이 가능하다. 끝없이 연습하기만 하면 된다. 실패하면 새로 시작하면 되는 것이다. 우리 모두가 끊임없이 하는 일이다. 우리가 그것을 알든 모르든, 혹은 원하든 원치 않든.

도덕주의에서 가능성주의로

한스 로슬링의 강연과 프레젠테이션은 언제나 청중에게 묘하게 양극화된 효과를 일으켰다.[18]

대부분의 청중이 생산적인 놀라움에 빠졌다면, ("내가 상상했던 것과 전혀 다른 세상이야!") 청중의 약 3분의 1은 고개를 흔들며 완강한 거부감을 드러냈다. 뭐라고? 어떻게 그럴 수 있어? 전부 사실이 아니야!

나는 그런 반응이 도덕적인 공격성으로 치달을 수 있다는 것을 여러 번 경험했다.

그건 선택적인 데이터잖아! 비과학적이라고!

- 그러면 시리아는 어떻게 된 거지?

- 미안하지만 슬럼가의 빈곤은 어디서 온단 말인가?

- 또 전 세계에서 억압받는 여성은 어떻고?

- 아프리카의 할례는?

- 노숙자에 대한 테러는?

특수한 것으로 보편적인 것을 깨트리는 것은 아주 쉽다. 다만 특수한 것을 선언할 때는 보편적인 것을 향해야 한다. 그러면 언제나 문제가 없다.

도덕적으로 특급 위치에 있으면 더 이상 발전을 걱정할 필요가 없다. 계속 비난할 수 있다.

한스 로슬링에게는 그런 반응이 몹시 곤혹스러웠다.

그에게 "순진한 낙관론"이라고 비난한 ("지나치게 낙관적인 것 아닌가요?") 독일 기자와 인터뷰할 때, 그는 조금 목소리를 높였다.

"나는 낙관주의자도 아니고 비관주의자도 아닙니다. 나는 가능성주의자Possibilist예요. 가능성 속에서 생각한단 말입니다."라고 그는 특유의 스웨덴식 영어로 외쳤다.

가능성주의(Possibilismus)

또한 "건설적인 가능성의 사고"는 문제점과 부정적 사고에서 출발하는 대신 가능성에 따라 앞을 내다보는 세계관이다. 여기에는 전체성에 대한 인식이 요구된다. 우리를 둘러싼 환경을 그 상관관계와 잠재력에서 이해해야 한다. 가능성주의는 부정적이고 냉소적인 생각의 편의를 피하고 문제를 회고적 태도로 대한다.

"미래의 시각에서 볼 때, 문제를 해결할 수 있습니다!"

현실을 피하는 흔한 방법은 현실을 도덕의 문제로 치환하는 것이다. 처음에는 이 말이 역설적으로 들리지만, 감정 이입의 작동 방식을 좀더 알고 나면 납득이 된다. 그리고 우리가 세계를 인식하는 감성 인지의 토대를 더 알아야 한다.

우리 인간은 현실에 대처하기 위해 두 가지의 병렬 인식체계를 활용한다.

심리학자 대니얼 카네만Daniel Kahnemann은 세계적 베스트셀러가 된 저서에서 이 두 가지 방식을 **빠른 사고와 느린 사고**로 설명한다.

한 가지 체계는(시스템 1) 자발적, 본능적, 감정적으로 반응한다.

또 하나의 체계는(시스템 2) 서서히 분석적으로 작동한다.

첫 번째 것은 감정을 이용하고 두 번째 것은 정신 모델을 구축한다.

하나는 영향을, 다른 하나는 상관관계를 토대로 한다.

두 가지 모두 중요하다. 그것들이 인간과 인간의 능력을 규정한다.

두 가지 체계가 원활하게 협동하면, 우리 인간은 미래 능력을 지니게 된다. 그러면 우리는 현실을 현실의 모든 차원에서 인지한다. 머리와 가슴으로, 오성悟性과 감각으로 인지하는 것이다. 그러면 현실 속에서 우리의 역할을 규정할 수 있게 된다.

또 우리의 영향을 이해하게 된다.

그러나 24시간 내내 정서적으로 민감한 정보가 쏟아지는 하이퍼미디어 문화 속에서, 즉 우리에게 밀려오는 자극 거리 속에서 우리의 인식체계는 끊임없이 시스템 1의 방향으로 왜곡된다.

이때 우리는 감정과 도덕적 평가를 선호하는 방향으로 "점화priming" 된다. 이런 상태는 동시에 우리를 지속적인 감정 과잉의 상태로 몰고 간다.

냉소주의는 그 과잉 상태를 다루는 방식이다. 냉소주의자는 모든 것이 자신과는 상관없다는 식으로 자신의 세계를 구축한다. 정서적인 자극 과잉에 대처하는 또 다른 집단적 방법은 도덕적 히스테리다.

도덕의 과도한 요구는 어디서나 존재하며 그것은 모든 것에 충성을 강요하는 "정체성주의Identitarismus"의 원인이다. 많은 사람이 느끼는 미래 부재의 실제 이유이기도 하다. 극단적인 경우에는 도덕적 열기가 고조되어 일정 단계에 가면 신경쇠약이나 포퓰리즘 또는 테러리즘으로 이어질 수 있다. 이때 열광하는 원인은 인간의 악의나 냉정함이 아니라 인간의 공감 능력에서 나온다.

도덕

─────────────

윤리

인간의 미래 능력을 위해서는 도덕과 윤리의 차이를 이해하는 것이 중요하다.

도덕은 오로지 동일성 확인을 본질로 하는 정서체계다. 그것은 고통받는 사람들에 대한 동정심이라는 특징이 있다. 도덕은 실제로 중요한 자극이며 분노는 인간을 활성화시킨다. 하지만 의사나 약사도 손쓸 수 없는 불쾌한 부작용을 일으키기도 한다. 도덕은 특정한 문화적 맥락에서는 즉시 비장의 카드 역할을 한다. 혹은 빠른 시간에 빠져나오지 못하는 음모론의 덫에 빠지기도 한다.

그와 달리 윤리는 전체를 고려하는 사고체계다. 결정을 둘러싼 전후관계를 살피고 행동과 태도의 결과를 헤아린다. 윤리적인 인간은 다차원적인 사고를 한다.

자신의 감정을 논리적 생각과 대조하고 자극과 경험의 균형을 맞춘다. 우리 인간은 하나의 체계 안에서 감정에 따른 행동을 한다.

그때 우리는 역설도 이해하고 행동의 피드백과 순환이 나온다.

우리가 윤리적인 관점을 유지한다면, 예를 들어 코로나 바이러스에 대한 조치를 취하더라도 봉쇄나 그 밖의 제한 조치가 사회에 미치는 피해를 고려한다. 우리는 당장 "해결책"이 없는 난관에 처해 있다는 것을 깨달아야 한다. 또한 우리가 (지금) 모든 것을 알 수는 없으며 우리가 아는 것에는 언제나 한계가 있다는 것을 깨달아야 한다.

위기가 닥쳤을 때는 윤리적인 행동 방침은 있어도 도덕적인 해결책은 없다. 일정 단계에 접어들었을 때, 우리가 코로나에 관해 너무 근거 없는 주장을 한 것이 이런 문제와 관계가 있다.

시시콜콜 온갖 충성심에 얽매일 수 있는 도덕주의는– 병원에서 죽어가는 사람이나 가정의 불쌍한 아이들, 간호사, 독거 노인, 식당 주인, 일거리 없는 예술가 등에 대한– 코로나가 우리에게 던져준 복잡한 문제에 대한 해결책을 제공하지 못했다.

도덕주의는 쉽게 "분노"를 일으킨다. 그것은 해결책을 찾기보다 책임을 추궁하는 일종의 흥분의 무대로 미디어를 이용한다. 실질적으로 피해자를 위한다기보다 오히려 도덕적 입장을 취하는 데 피해자를 이용한다.

진정한 변화를 꾀하기 위해서는 일정한 거리를 둘 필요가 있다. 진정한 효과를 발휘하기 위해서는 상관관계 등 전체를 봐야 한다. 중요한 것은 저절로 변화를 일으키는 시발점이다.

우리는 관련된 시스템을 주목해야 한다.

당면한 "교착 상태"와 우리의 잠재력을 이해해야 한다.

일종의 초현대적 마술이 필요하다.

가능성주의는 변화를 위한 감각 외에 실제 상황에 대한 깊은 존중심을 기반으로 한다.

포보 원칙
: 왜 우리는 더 나은 것에 대해 불안해하는가?

당신은 아마 포모^{FOMO} 원칙을 알 것이다. Fear of missing out. 뭔가를 놓치지 않을까 하는 두려움. 내가 없는 곳에서 항상 무슨 일이 "벌어지고 있다"라는 생각은 악명 높은 파티의 참석자나 은행 투기꾼의 심리를 부추길 뿐만 아니라 전반적인 소비 분야(예를 들어 패션계)에도 영향을 준다.

그러나 훨씬 더 재미있는 것은- 또 더 논란이 되는 것은- 포보^{FOBO} 현상이다. Fear of Better Options. 더 나은 선택이 있을지 모른다는 두려움. 이런 불안은 실제로 큰 도움이 되는, 더 나은 것에 대한 제안이 들어올 때면 늘 경험한다. 이에 대하여 흔하게 나오는 첫 반응은 머리를 흔드는 것이다. "절대 그럴 리 없어⋯." 혹은 "그러면 왜 우리가 이런저런 것을 개선하지 않겠어, 그쪽은 상황이 훨씬 더 심각하고 시급하잖아?"라는 거긴 더해 주의^{Whatsaboutism}이다.

"매드 해터"
초기 섬유산업의 수은 중독으로 인한 광기

이렇게 해결을 거부하고 문제를 고수하는 태도는 어떻게 설명이 될까? 아주 간단하다. 문제가 우리 뇌에 친숙하다는 암시를 하기 때문에 그것이 뇌에는 더 매력적으로 보이는 것이다.

인간의 퇴행성 뇌는 "내 문제는 내가 잘 알아."라고 말한다. "나는 안 넘어가."라는 식으로 문제가 안전지대라는 표시를 한다. 문제라는 단어 "Pro-Blem"은 "위하여"라는 라틴어^pro에서 온 것이고 "blem"은 "불평 ^Klage"에 대한 중세 독일어의 어근에서 유래한 것으로 보인다.

포보라는 병을 고칠 수 있는 것은 결단하는 용기밖에 없다. 그것은 미래에 대한 약속이자 불완전한 것과 함께 살 수 있다는 약속이다.

위기의 "3W"

위기는 삶에서 정말 중요한 것이 무엇인지- 흔히 노골적으로 분명하고 잔인하게- 우리에게 가리켜 보여준다. 이때 위기는 순수한 실제 상황에서 사는 데 도움이 되는 진실을 우리에게 알려준다.

한스 로슬링은 통계학자지만 그의 통계는 언제나 사람에게 적용되었다. 인간의 상관관계에 적용되고 우리 자신과 우리의 불안, 우려, 퇴행을 넘어 효율성으로 이어지는 자기 헌신에 적용되었다.

한스는 28세 때, "국경 없는 의사회"의 이상주의적인 보조 의사로 모잠비크의 밀림으로 들어갔다. 내전이 종식될 때까지 상상할 수 없으리만치 빈곤이 만연한 곳이었다. 그는 거기서 병자만 돌본 것이 아니라 지역의 인프라 구축과 수송 수단, 위생 개선을 위해 애썼다. 그리고 최소한의 자원으로 최대한의 이점을, 가능한 최대의 발전을 이끌어내는 법을 배웠다.

한스 로슬링은 2017년에 사망했다. 말년에 행한 그의 위대한 보건 활동은 서아프리카에서 에볼라 위기가 한창이던 2016년에 전개되었다. 그는 자비로 라이베리아로 가서 보건당국에 자신을 소개했다.

"에볼라가 종식되도록 당신들을 돕고 싶습니다. 나는 아프리카에서 위험한 전염병을 퇴치한 경험이 있어요!"

나는 그가 BBC와 행한 열정적인 라디오 인터뷰를 기억한다. 그는 수

집한 데이터를 이용해 시행착오와 지식을 바탕으로 전염병을 막는 더 나은 전략을 터득하고 열광했다.

그는 몬로비아 교외의 어느 WHO 전초 기지에 설치된 고장 난 마이크에 대고 늘 이렇게 말했다.

"우리는 끝내 그것을 다스리게 될 것입니다. 해낼 수 있다고요!"

그는 문제에 빠지기보다 해결책을 파고들었다.

중요성(Wichtigkeit)

현실(Wirklichkeit)

진실(Wahrheit)

중요한 것은 불안과 분노를 혼동하지 않는 것이다. 불안은 우리를 살아있게 해주는 자연스러운 반사 작용이다.

위기 대처의 비결은 불안이 우리를 통과해 나가도록 하는 데 있다. 그것은 우리와 세계의 관계에 대하여 뭔가를 전하려는 메시지를 담고 있다. 의식적으로 허용할 때, 물러나지 않는 불안은 없다.

중요한 것은 용기의 역할을 이해하는 것이다. 위기는 사물을 다르게 바라볼 용기를 도발하기도 한다.

위기 상황에서 인간은 자신의 낡은 생각이나 감정과 결별함으로써 자신에게 충실해지는 법을 배울 수 있다.

정말 중요하지 않은 것이 의견이다. 모든 위기는 시끄러운 소리를 내며 항상 분노의 원을 맴도는 의견의 회전목마를 만들어낸다. 그러나 의견은 궁극적으로 통제력(해석력)을 잃지 않으려고 전력을 다하는 인간이 자아를 배출하는 소음이다.

아주 중요한 것은, 우리가 서로 의지할 수 있다는 것이다. 정확하게 말하면 의지한다는 말은 누군가를 신뢰할 수 있다는 것이다.

하지만 동시에 자기 자신을 초월하는 것이며 낡은 기준을 내면적으로 극복하는 것이다.

정말, 정말 중요한 것은 모든 것이 변할 때, 이 세상에서 우리를 이끌어 주고 지탱해 주는 것은 상호 연결성과 인간관계다.

위기가 우리를 있는 그대로 시험대에 올릴 때, 그 속에 커다란 선물이 들어 있다. 우리가 그것을 받아들일 때 미래가 열린다.

코로나 업그레이드
2020년대의 메타트렌드

그러면 위기는 우리 미래에 어떤 영향을 줄까? 냉정하면서 동시에 시적 능력이 있는 체계의 언어에서 위기는 복잡성의 실패와 다를 바 없다.

입증된 진화 시스템("효과 복합체Wirkungskomplex")은 강력한 외부 영향, 즉 충격으로 과도한 요구를 받게 된다. 이때 그 체계의 틀 안에서는 해결되지 않는 복잡성 과잉 상태Komplexitätsüberschuss가 발생한다.

코로나 바이러스의 경우, 지나친 요구를 받은 체계는 인간의 집단 면역 시스템이었다. 이 시스템은 - 지구상의 대부분의 지역에서 - 수십 년

동안 미생물 세계와 어느 정도 안정적인 균형을 이루고 있었다. 그러다가 전후 시기에 백신 접종에 성공한 데다 항생제를 발견하고 위생 수준이 향상됨에 따라 치명적인 대규모 전염병을 전반적으로 통제하게 되었다. 결핵이나 말라리아처럼 전염병은 빈국에서조차 서서히 퇴치되었다.

이런 시스템은 사람과 동물이 극단적으로 붙어사는 산업사회의 생활 양식을 통해 (혹은 완전히 배제할 수 없는 실험실 사고를 통해) 바이러스의 활동이 과잉 상태에 이르자 무너졌다.

돌연변이가 나타나는 속도가 점점 빨라졌고 바이러스는 도시 과잉과 이동 과잉의 세계화된 세계에서 훌륭하게 적응했다. 기존의 전염병 통제 시스템은 이런 환경에 압도되었다.

그러면 앞으로 어떻게 될 것인가? 이런 식으로 계속 무사하겠는가?

위기의 본질은 그것이 발생하는 차원에서는 해결될 수 없다는 것이다. 위기는 오로지 새로운 체계에서만 극복할 수 있다. 그러나 이 새로운 체계가 단순히 구체계의 연속이 되는 일은 절대 없다.

사랑의 위기를 예로 들어보자. 사랑은 확인 과잉에서 생성되는 소통 체계다. 나는 상대가 사랑하는 것에 감격한다. 그러면 그 사람도 나에게 감격한다. 누군가 나를 원하고 나는 누군가를 원한다. 긍정적인 상태의 이런 비제로섬게임은 에너지를 만들어낸다.

여기서 우리가 자신의 내면의 한계를 해소할 수 있는 새로운 '우리'가 형성된다.

사랑의 본질은 보충과 정복이다. 새로운 우리는 세상으로 나가 생물학적 가정을 만들어낸다. 프로젝트와 정치적 운동, 회사, 집을 만든다.

사랑은 인간다움의 창조적인 요소라고 할 복잡한 제조기다. (뤽 베송의 영화 〈제5원소〉처럼.) 하지만 사랑은 고갈될 수 있다. 퇴행할 수도 있다. 사랑이 지속적으로 지나친 요구에 직면하거나 스스로 지나친 요구를 할 때, 사랑의 내적 구조는 파괴된다.

파트너의 환경이 급변할 때, 애정관계가 깨지는 것은 흔한 일이다. 둘째 아이가 태어날 때도 그렇고 지나친 야심으로 지위나 생활 여건이 돌변할 때도 마찬가지다. 그러면 서로에 대한 이상화가 "청산"되는 유명한 환멸의 전투Enttäuschungsschlacht에 이르게 된다.

당신은 이미 그런 경험을 해보았는가? 아마 경험했을 것이다.

위기 이후에 사랑은 어떻게 되살아나는가? 이제까지의 방식을 계속해서는 분명히 안 된다. 파트너 주변을 맴돌아도 안 된다.

상대를 위해 자신을 재창조할 때, 사랑이 꽃피고 새로운 비전을 만들어내는 법이다. 아울러 그를 통해 새로운 공동의 현실이 만들어진다.

사회에도 비슷한 이치가 적용된다. 끊임없이 과거의 요구를 제기하고 기본적으로 미래를 두렵게 바라볼 때, 사회적 위기는 극복할 수 없다.

아주 정교한 대전염병 전략으로 코로나 경험에 대응하려는 것은 문제만 키울 뿐이다. 성공적인 대응은 새로운 모델의 사회 계약으로만 가능하다. 즉 사회를 구성하는 권리와 법, 중재, 책임, 관계 구축의 섬세한 구조를 새롭게 짜야 한다.

위기는 분출이다. 위기 시에는 오랫동안 문화 내부에서 전개되어 오던 미래 발전의 잠재 요인이 드러난다. 억눌린 에너지가 분출된다.

마치 페스트가 창궐하던 대재앙의 시기에, 사회 내부에 잠자던 계몽주의와 인문주의 요소가 출현하는 것과 같다.

위기는 빛이다. 위기는 사회적으로 어두운 지점을 환히 비춘다. 위기는 자연과 개인, 사회의 상관관계를 무시하던 악마적인 것das Dämonische, 미래 적대적인 것을 가시화시킨다. 지옥 같은 장면이 펼쳐지는 도살장과 그곳의 노동 조건을 들여다보게 해준다.

이런 관점은 치유의 기능을 할 수도 있다. 그 모든 것이 어디로 향하는지 보이게 된다. 고기 값이 저렴할수록 더 끔찍한 노동 조건이 요구된다는 것, 승객을 대량으로 태우는 저가 항공이 언젠가는 짐승을 실어 나르는 수법을 연상시킨다는 것.

위기는 방향 전환이다. 위기는 새로운 복잡성 차원(새롭고 역동적인 균형)을 가리키는 시스템으로 방향을 바꾸게 해준다.[19]

이때 기본적으로 두 가지 가능성이 있다. 하나는 낮은 복잡성 차원으로 퇴행하는 것이다.

가령 정치적으로는 원시적인 권위주의 체제로 돌아간다. 사랑의 경우에는 "플라톤적 부모의 사랑"이나 시들해진 복수심을 예로 들 수 있다. 또 하나의 가능성은 수준 향상이다. 좀더 높은 차원의 역동적인 모순으로 통합되는 것이다.

이렇게 가능한 미래에 대한 방향 설정 모델로 적합한 것이 추세-반추세 논리Trend-Gegentrend-Logik다. 모든 추세는 – 모든 사회, 경제, 문화적 "운동" – 언젠가는 반대 추세를 만들어낸다.

시스템 포화 현상이 나타난다. 한 추세의 내적 안정성이 무너지는 "티핑 포인트"에 이른다는 말이다.

세계화가 점점 심해질수록 절망적인 종속과 소외 현상이 등장한다. 갈수록 심화되는 개인주의는 사회의 원자화로 이어진다. 도시화가 진행될수록 언젠가는 도시적인 것의 퇴폐 현상을 낳는다.

미래를 이해하기 위해 우리는 두 가지 현상을 – 추세와 반反추세를– 인지해야 한다. 그리고 그것을 초월하는 새로운 메타Meta 수준으로 끌어

올려야 한다. 이어서 코로나 이후 시대를 위한 몇몇 메타트렌드Metatrend를 설명하겠다.

메타트렌드는 낡고 과숙한 큰 흐름으로서의 메가트렌드Megatrend와 그에 대한 반反트렌드Gegentrend의 긴장에서 형성된 가능성의 공간을 나타낸다.

메타트렌드는 어떻게 역사가 그 이름에 합당한 미래로 뻗어나갈 수 있는지를 암시해준다. 그리고 우리가 한때 "진보"라고 불렀던 것이 어떻게 재창조되는지도 보여준다.

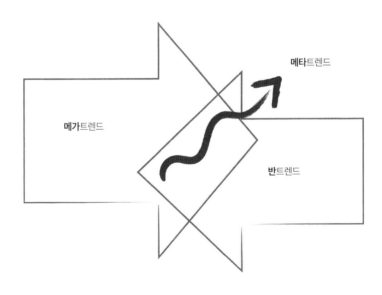

메타트렌드

역사의 선형성을 대변하는 **메가트렌드**와 반대로 **메타트렌드**는 다가오는 복잡성의 주체에 해당한다. 그것은 추세와 반추세로부터 미래의 통합체계를 형성해낸다.

여기서 상호 모순은 해소되어 하나가 되고 역설은 더 높은 차원에서 새롭게 안정될 수 있다.

메타트렌드는 역사적으로 강력한 발전이 종종 위기와 관련되어 티핑 포인트에 도달할 때, 변화의 경기장에 등장한다.

과거에 발판을 둔 메가트렌드와 달리, 메타트렌드는 미래로부터 우리에게 다가온다. 그것은 더 나은 것을 제공한다는 신호다. 메타트렌드를 인식하려면, 그것을 체계적인 필연성으로 감지해야 한다. 그리고 스스로 과감하게 변신해 그 속으로 휩쓸려 들어가야 한다.

디지털 전환

인터넷의 새 시대가 시작되다

까다로운 질문을 하나 해보자. 인터넷이 발명되지 않았다면 어떻게 되었을까? 우리들의 일상은 더 나아졌을까, 더 나빠졌을까?

페이스북이 없다면? 왓츠앱이 없다면? 마치 인생이 거기에 달려 있는 것처럼 (그렇다고 볼 수도 있다) 매일 끼고 사는 스마트폰이 없다면 무슨 일이 벌어질까? 우리에게 최면을 걸 듯이 괴상한 트위터 중독에 빠져 분노를 터뜨리는 도널드 트럼프가 없었다면? 30만 명이나 되는 팔로어에게 미친 소리를 해대는 아틸라 힐트만Attila Hildmann이 없다면? 댓글 폭탄, 폭풍 같은 증오, 갖가지 모욕, 거짓말의 파도, 디지털 비난 같은 것이 없다면? 극단적으로 미친 이론이 갑자기 번개처럼 퍼지는 광기의 전염병이 없다면? 모든 디지털 틈새를 가르고 잘난 체하며 쏟아져 나오는 멍청한 댓글이 없다면? 자기 도취로 뒤틀린 "인플루언서"와 헤아릴 수 없이 많은 고양이 동영상이 없다면 어떨까? 원치 않는 팝업 광고가 없다면? 은행의 이체 무료 서비스를 위해 우리가 직접 작성해야 하는 이중 비밀번호가 없다면? 개인정보 보호를 위해 24시간 내내 "확인"해야 하는 쿠키가 없다면? 끊임없이 날아오는 멍청한 사기성 스팸메일이 없다면?

뭐 더 빠진 게 없나?

우리 사회 한복판에 수년 전부터 우리의 사고 구조와 미래의 기대치를 잡아가둔 일종의 숭배문화가 있다고 상상해보라. 어쩌면 우리는 특정 방식으로 미래를 생각하도록 세뇌되었는지도 모른다.

디지털주의Digitalismus 가 문제다. 이것은 새로운 형태의 음모론이 아니다. 문제는 역사적 사고가 갖는 힘이다.

이른바 슈퍼 밈Super-Meme 말이다. 슈퍼 밈은 머리에서 머리로, 가슴에서 가슴으로 전파되는 전염성이 강한 사고와 해석의 틀이다.

그런 슈퍼 밈은 종교라고 볼 수도 있다. 정치적 이데올로기일 수도 있다. 아니면 계몽주의나 "모더니즘", 산업주의 같은 강력한 사조일 수도 있다. 혹은 기술적 해결에 대한 광적인 믿음이라고 할 수도 있다.

나의 청소년 시절인 70년대 초반에는 그러한 슈퍼 밈이 공산주의와 사회주의의 이상화된 형태를 중심으로 전개되었다.

물론 20세기를 거치면서 이런 유토피아에 대한 파괴적인 효과가 철저하게 입증되기는 했지만 말이다.

나는 지금도 내가 다니던 대학에서 다양한 K그룹(K는 공산주의Kommu-nismus를 말한다.)의 동아리 회원들이 금요일 오후면 마르크스 교실로 몰려가던 것을 기억한다. 그들은 모두 몹시 단호한 표정으로 팔꿈치에 낡은 "프롤레타리아" 서류 가방을 끼고 다녔다.

놀라운 것은 활발한 세계 혁명의 대열에 합류한 동아리 회원들 거의 모두가 제각기 사랑스러운 개인으로 발전했다는 것이다. 어떤 마법적인 역주문을 통해 어느 땐가 자신의 환상에서 깨어난 것이다.

코로나

"디지털 포퓰리즘" 또한 마찬가지다. 디지털 기술에 대한 무비판적이고 이념화된 광적인 찬양 말이다. 디지털주의는 인간적 필요와 기술을 구분하지 않으며 모든 미래가 디지털 세상이 되어야 한다는 역사적 결정론의 시각에서 생각한다.

이런 사고 구조에서 디지털주의는 종교적 기술 숭배와 비슷한 특징을 띤 공산주의를 닮았다.

디지털 종교

구원숭배^{Erlösungs-Kult} 현상은 무엇으로 알 수 있을까? 가령 온갖 종류의 의심에 대해서 추종자들이 일체 관심을 두지 않는 일이 있을 수 있다.

광기에 빠진 종파는 세상이 어떤 신호를 보내든 상관없이 계속 갈 길을 간다.

예를 들어 신들의 도래라든가 세상 몰락의 예언이 실현되지 않아도 기도만 더 요란하게 지속할 뿐이다. 그러면서 기대치는 계속 높아진다.

- "그에 따라 인공지능은 질병과 지위, 기업 전략을 결정할 것이고 생태 위기를 해결하며 빈곤을 추방할 것이다."
- "지능적인 클라우드 프록시 방식은 당신의 이익을 어마어마한 규모로 늘려줄 것이다."
- "인간은 몇 년 내로 인터페이스를 머리에 심을 것이고 우리에게 더 나은 생각을 하게 해주는 슈퍼 컴퓨터와 연결될 것이다."
- "사물 인터넷은 집 안의 모든 기계를 서로 연결해서 수리가 불필요하거나 자동적으로 수행되도록 할 것이다. 지능형 욕실 거울은 우리가 암이나 콧물감기, 상사병 증상을 알아내도록 할 것이다."
- 〈아다^{Ada}〉라는 잡지에는 다음과 같은 기사가 실렸다. "언젠가 양자 컴퓨터가 허용된다면, 인터넷의 새로운 구조가 등장할 것이다. 양

자 웹은 더 안전하고 더 빠르고 무엇보다 다차원의 기능을 보여줄 것을 약속한다."[20]

한편 양자 웹은 그 모든 것을 이루지 못할 거라는 말이 있다. 오히려 이제까지 풀 수 없던 암호를 풀어서 세계적인 혼란을 야기할 가능성이 크다는 것이다.

혹은 일본과 미국, 중국의 전력 소비를 합친 것만큼의 에너지를 소비해 새로운 공동의 사이버 통화를 만들 거라는 말도 있다.

또 "다차원적"이라는 것도 조금 끔찍할 수 있다고 한다. 디지털 회의에서 그런 가정을 해보라.

> "스마트" 기술이 파괴적인 것만은 아니다. 그것은 현상 유지를 할 수도 있다. 이론상으로는 혁명적이지만 실제로는 반동적일 때도 많다.
>
> _에브게니 모로조프

디지털 세계에 대한 영원한 찬사와 비교할 때, 인간의 소통 구조에서 디지털 세계가 가져온 파괴 현상은 그렇게 대수로운 주제는 아니다.

또한 이것은 독단적인 이데올로기가 단점을 은폐하는 전형적인 방식이기도 하다. 위선적으로 "소셜 미디어"라고 불리기도 하는 소통 기능의 인터넷은 사람들로부터 나르시시즘과 악의, 권력 집착의 특징을 이끌어낸다.

인터넷은 21세기의 전쟁이 벌어지는 전쟁터로 변한 지 이미 오래다. 개인에게 완전히 새로운 날개를 달아주게 될 네트워크화된 세계라는 원대한 꿈은 독점적인 악몽이 되었다.

4대 세계 독점 체제(그리고 중국의 독점 체제도)는 거의 전 세계 인간의 연결 문제를 그들끼리 분할했다.

이런 디지털 효과의 배타적인 특징을 보노라면 나는 실제 공산주의의 "업적"을 직접 보여줄 수 없었던 70년대 내 동료 학생들이 기억난다. 아마 그들은 부끄러워서 그랬을 것이다.

나는 이런 현상을 **디지털 치욕**^{dgitale Scham}이라고도 부른다. 오래전에 환상으로 판명된 것을 믿는 것이 부끄러운 것이다. 하지만 그럴수록 더욱 디지털에 집착한다. 그것을 단절한다면 나락에 빠질지도 모르기 때문이다. 끔찍한 의미의 진공 상태가 아닐 수 없다.

이단의 시간

다지털주의는 우리가 생각하는 것 이상으로 종교적이다. 디지털주의 중심에는 모든 인간적인 미숙과 무능력을 디지털 방식으로 "구제"하려는 트랜스 휴머니즘 이데올로기와의 접점이 형성된다.

여기서 우리는 천국처럼 놀라운 가상의 우주로 들어간다. 이런 숭배의 핵심에는 인간 문명을 초월적인 기술로 녹이는 사건이라고 할 특이점이 발견된다. 하지만 그런 숭배는 조만간 흥미를 느끼게 될 이단의 신도들로부터 발전되는 특징 또한 있다.

인본주의적인 인터넷 비판자 중의 다수는 실리콘밸리 깊숙한 곳에서 나온다. 그들은 깊은 정화작용을 거쳤다는 공통점이 있다. 가령 구글의 반대론자로서 소프트웨어의 검색엔진 특성을 의문시했다가 무시당한 트리스탄 해리스Tristan Harris 같은 사람이 있다.

전문가로 활동했던 더글러스 러시코프Douglas Rushkoff는 자신의 저서

제론 레니어

〈팀 휴먼Team Human〉에서 디지털 이데올로기에 관해 인본주의적인 반대 목소리를 내기도 했다.

구글 연구원인 팀닛 게브루Timnit Gebru는 구글에서 개발한 인공지능이 소수민족에 대한 인종 차별을 한다는 사실을 밝혀낸 뒤에 해고되었다.

오늘날 "소셜 미디어의 양심적 거부자"라고 불리며 "유독성 미디어Toxic Media"라는 개념을 만든 페이스북의 공동 창업자 숀 파커Sean Parker 같은 사람도 있다.

가장 신망이 높은 이단 중의 한 명으로 디지털 세계의 원조 히피 격에 해당하는 제론 레니어는 90년대에 스스로 영적 해방 도구라고 본 가상현실 안경을 최초로 만들어냈다. 레니어의 말을 들어보자.

> 나는 우리가 "소셜 미디어" 문제를 해결할 때까지 인간 종이 살아남을 거라고 생각하지 않는다. 두 사람이 소통을 원할 때, 이들을 조종하려고 하는 제3자의 자금 지원을 받아야만 의사소통을 할 수 있는 사회에서 우리는 살 수 없다.[21]

레니어는 이렇게 담담한 어조로 디지털 플랫폼 비즈니스 모델의 논리를 설명한다. 플랫폼은 주목받기 위한 광고를 판매한다. 가장 강력한 자극 모델은- 가장 많은 클릭을 유발하는- "등급"이 상향 조정되어 더 많은 클릭을 유도한다.

여기서 어리석거나 폭력적인 밈의 터보 선택Turbo-Selektion이 발생한다. 큐아논QAnon처럼 완전히 미친 이데올로기가 이런 방식을 통해 본격적으로 자라난다.

그러나 이렇게 고장 난 시스템은 코로나 이후의 지금 시기에 순수한 위기로 접어든다. 코로나는 유독성 밈이 위기 시에 얼마나 위험한지 다시 한 번 분명히 보여주었다. 그리고 동시에 인간 협동의 중요성이 강조될 때, 디지털 세계의 한계가 드러난다.

디지털 계몽주의로서 코로나

코로나 위기는 디지털주의를 통해 몇몇 가지를 뒤섞어버렸다. 이 전염병은 한편으로 디지털 기술이 자발적으로 "밑에서" 조직될 때 무엇을 할 수 있는지 보여주었다. 우리는 모두 전적으로 우리의 필요에 따라서 갑자기 화상회의 장치Zoom und Co.를 사용하는 법을 배웠다. 과거에는 현실에서 작동하지 않던 일들이 갑자기 온라인으로 가능해진 것이다.

다른 한편으로 유명한 코로나 앱은 어떤 나라에서도 바이러스와의 싸움에서 결정적인 이점이 되지 못했다. 개인정보 보호가 별 의미 없는 곳에서도 마찬가지였다. 인공지능은 백신 개발의 경우에 나름대로 역할을 했을지도 모른다. 그러나 궁극적으로 코로나와의 싸움을 결정한 것은 사회기술Soziotechniken 과 – 인간의 사회적인 행동 방식 – 고전적인 연구 활동이었다.

위기가 디지털 세계를 추진하면 할수록 오히려 아날로그 세계에 대한 동경은 반대로 거세졌다. 사람들은 현실의 사물과 인체의 접촉을 동경했다. 갑자기 서가에서 책을 꺼내 다시 읽는 선형적인 흐름이 나타났다.

팬데믹이 절정에 올랐을 때 실제로 활성화된 분야는 조경과 집, 공예품, 자전거였다.

그것은 디지털 세계가 **가속화의 기술**Beschleunigungstechnologie 이라는 것과도 관계가 있다. 코로나 위기는 놀라운 효과를 동반한 감속화의 경험이었다.

전 세계는 학교의 급속한 전면적 디지털화를 외쳐댔다. 하지만 바로 팬데믹 중에 교사와 학생의 관계가 얼마나 실존적인 문제인지 드러났다. "학교의 디지털화"가 지지부진한 것은 그것이 교육의 순수한 본질에 대한 답이 될 수 없기 때문은 아닐까?

청소년정보미디어 JIM의 조사에서는 설문에 참가한 학생의 59퍼센트가 가정 학습의 최대 장애물로 "동기 부족"을 꼽은 것으로 드러났다. "IT 시설 부족"을 문제점으로 지적한 학생은 6퍼센트에 지나지 않았다.[22]

기술혁명의 원칙

내가 말하는 "테크노 혁명Technolution" 개념은 기술과 인간의 문화가 영원한 춤을 추는 가운데 공동 진화하는 진화 원칙을 말한다.

파괴적 기술의 초기 단계에서는 성숙하고 확증된 사회 및 문화 기술이 파괴된다. 그리고 이제까지 알려지지 않은 사회적 격변으로 이어진다. 그러다가 때로는 수세기씩 걸리며 계속 진행된 다음에야 비로소 인간의 문화는- 힘들게 희생자를 내는 가운데- 이 파괴적인 힘을 길들이는 법을 배운다.

〈파우스트〉에 나오는 빗자루를 생각하면 된다.

인쇄술도 처음에는 "교육"에 도움을 주기보다 종교적 광기에 기여하는 선전 형식으로 이어졌다. 대량으로 생산된 최초의 인쇄물은 이교도 재판과 마녀 화형을 선동하는 전단이었다.

19세기 초에 육체노동의 단조로움을 없애줄 것 같았던 기계 직기도 초기 산업시대의 "악마의 공장satanische Mühle"을 낳았고 착취와 빈곤화 과정으로 이어졌다.

심지어 아무 문제 없이 증기만 내뿜는 운송 장치인 줄 알았던 철도도 마찬가지였다. 1880년 무렵 아메리카 대륙의 개발이 한창일 때는 선로를 따라 폭력 문화가 생성되어 비대한 마피아 조직이 판을 쳤다. 이를 법으로 다스릴 중앙의 사법당국은 너무 멀리 떨어져 있었다. 곳곳에는 경쟁자

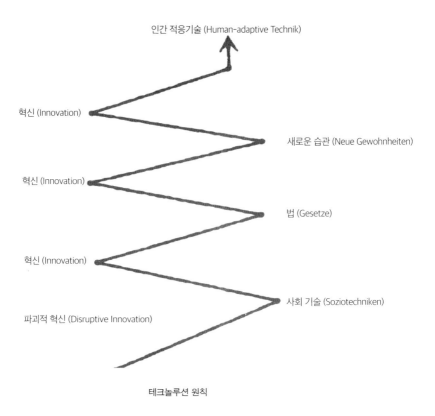

인간 적응기술 (Human-adaptive Technik)

혁신 (Innovation)

새로운 습관 (Neue Gewohnheiten)

혁신 (Innovation)

법 (Gesetze)

혁신 (Innovation)

사회 기술 (Soziotechniken)

파괴적 혁신 (Disruptive Innovation)

테크놀루션 원칙

를 매달 수 있는 교수대가 설치되었다.

영화 『와일드 웨스트』를 보면 새로운 운송 능력을 통해 인간은 자연을 더 능률적으로 착취하고 아무런 제지도 받지 않은 채 아메리카 원주민을 대량 학살할 수 있었다.

그러므로 "길들여지지 않은" 선구적 기술은 먼저 제한 조치나 법률으로 또 정치적, 개인적 반발로 발생하는 기타 규율 체계에 의해 "억제"

되어야 한다. 이런 장치가 필수적인 이유를 한계비용의 역설Grenzkosten-Paradox이라고 한다.

전에는 느리고 힘이 들고 값이 비쌌던 혁신적 기술이 (복사나 수송, 생산, 정보 등) 갑자기 값이 떨어져서 한계비용이 0에 가까워지면, 경제적으로 엄청난 지렛대 효과가 발생한다. 그 결과 시장 경쟁과 경제적 도취감이 생긴다.

이때 도박꾼이나 사기꾼, 탐욕과 권력에 굶주린 사람들이 몰려드는 것은 지극히 당연하다. 그리고 다음 단계나 다다음 단계에 가서야 비로소 각 기술의 "재사회화Wiedervergesellschaftung"에 도달한다.

이 과정은 절대 완전히 끝나지 않는다. 춤과 같다고 보면 된다.

디지털에서 해방된 인간

새 기술을 길들이기 위해 필요한 것은 단순히 법과 제한 조치뿐이 아니다. 그와 동시에 무엇보다 기술을 다루는 법에 대한 사회기술SOZIOtechniken이 필요하다. 디지털 기술에 특히 절실한 것을 "디지털 해방digitale Emanzipation"이라고 부를 수 있을 것이다.

이것은 한 기술을 둘러싼 지식과 위험을 가리킨다. 또 이용과 관련한 자기 통제, 그리고 개선을 지향하는 분별력을 말한다.

디지털에서 해방된 인간은 다음과 같은 특징을 보일 것이다.

- 자기 자신이 기계나 컴퓨터처럼 작동하지 않는다는 것을 안다. 또 절대 그럴 리가 없다는 것도 안다. 유기체는 2진수 체계와는 영원히 구별되기 때문이다. 만일 인공지능이 사람처럼 똑똑하다면, 사람이 컴퓨터처럼 멍청해져야 할 것이다.
- 컴퓨터는 우리 문제를 절대 "해결"하지 못하고 우리의 바람이나 이상을 "실현"하지 못하며 오직 명백하게 제한된 복잡성 영역Komplexitätsfelder에서만 도움을 줄 수 있다는 것을 이해한다.
- 디지털의 기본 원리라고 할 연결성KONNEKTIVITÄT은 항상 자율화와 아날로그화라는 대항력을 요구하기도 한다는 것을 간파한다.
- 모든 기술의 순이익은 언제나 새로운 자유와 기회가 남아 있다는데서 나온다는 사실을 깨닫는다.

디지털 개편 추세의 시대적 특징

- 수백만의 이용자가 왓츠앱(페이스북이라는 괴물의 일부)에서 시그널로- 기능은 비슷하지만 조합 방식으로 조직화된 메신저 - 달아나고 있다.
- 2021년 3월, 오스트레일리아에서는 페이스북과 기존 미디어 간에,

온라인 콘텐츠가 실제로 누구 소유인지, 누가 이를 통해 돈을 벌 수 있는지를 둘러싸고 첫 번째 법적 분쟁이 발생했다.

- 곳곳에서 대규모 플랫폼에 대한 지속적인 대안이 속출하고 있다. 공룡기업 아마존도 많은 나라에서, 분산된 공급 시스템에 의한 공격을 받고 있다. 에코시아Ecosia 같은 검색 엔진은 구글의 독점 구조를 깨트리는 시도를 하고 있다.

- 엄청난 디지털 광고의 홍수는 지속적으로 전반적인 디지털 광고 체제를 파괴하는 새로운 주의력의 위기Aufmerksamkeitskrise로 이어지고 있다.

- 『워싱턴 포스트』에 따르면, 1,100만 명의 미국인이 트럼프 임기 말에 소셜 미디어 계정을 해지했다고 한다.

- 갈수록 많은 "인플루언서"가 진지하게 사회, 정치, 경제적 주제로 관심을 돌리고 있다.

- 페이스북과 구글은 그들의 가치 창출 사업 모델에서 파생되는 초과분을 감축하라는 엄청난 압박에 직면했다. 이를 위해 페이스북은 완전히 독립적인 기구를 설립하고 구글은 개별적인 광고를 위한 쿠키와 결별하는 방향으로 나가고 있다.

- 수많은 사람은 미디어 사용을 줄이거나 자제하고 있고, 자신의 동영상 일상을 의문시하며 디지털 다이어트 혹은 "화면 무시"를 실천하는 실험을 하고 있다.

통합된 개인주의

새로운 "나"에서 새로운 "우리"로

당신은 개인주의를 어떻게 보는가? 내 추측으로는 "개인"으로 존재하는 것이 당신에게 중요할 것이다. 즉 당신이 뚜렷한 의지와 독자적인 의견, 특히 특징을 지닌 누군가라는 말이다. 당신은 그러한 차이점 속에서 남들에게 인정받고 싶을 것이다.

그러나 "개인주의"에 관련되지 않으려고 하는 것이 바로 개인주의자들이다. 그들에게 개인주의는 너무 이기적이기 때문이다.

개개인이 볼 때, 개인주의자는 자기 자신만 생각하고 자신의 이익과 신입견에 따라 행동하는 사람이다. 코로나는 우리에게 이 주제에 관해 큰 화젯거리를 만들어 주었다.

개인주의 대 개성

이 멋진 역설은 코로나 시대에 가시화되었다. 사람들은 위기가 닥치자 다투어 자신의 개인적 관심이나 소속한 집단을 기반으로 행동하고 주장을 펼쳤다. 동시에 모두 상식을 요구했다. 코로나 대응 반대론자들마저 같은 행동을 하며 무지에서 나온 상식을 옹호했다.

코로나 같은 전염병은 나와 우리의 관계에 아주 특별한 영향을 미친다. 우선 우리는 **자신의 내면**에서 심리적으로 억눌린 모습과 마주친다. 우리의 내면에는 외로움에 대한 불안, 혹은 실존의 위협을 느끼는 구조에서 현실을 조합하려는 경향이 있다.

그다음으로 우리의 자율 능력은 전염병이 번졌을 때 도전받는다. 우리는 **봉쇄 조치**Lockdown 상태에서 우리 자신으로 돌아간다. 그리고 그 상황에서 우리의 사회적 존재를 잔인한 방식으로 인식하게 된다. 코로나는 이런 식으로 양극화 효과를 일으켰다. 외로운 사람은 더 외로워지고 사회적 결속은 더 긴밀해진 것이다.

개인주의는 타인에 우선해서 자기 자신을 선호하는 것이다. 그와 반대로 개성은 성숙한 사회성이다. 그것은 문화기술Kulturtechnik이며 사회 기술은 성인화 과정의 일부다.

또 더 높은 수준의 인식에서 유대와 자유를 결합하는 중재 형식이다. 타인에게 자신을 반영하는 능력이며 공동체에 있는 사회적 차이의 가능성이기도 하다.

우리는 이 모든 것을 끊임없이 훈련해야 한다. 팬데믹은 놀라운 훈련 코스다. 우리는 바이러스를 통해 우리 자신의 신체적 면역학이나 사회적 연대와 맞닥트리게 되며 궁극적으로는 전 세계, 나아가 모든 타문화와 마주치게 된다.

바이러스가 전 세계적으로 우리를 하나의 "면역학 공동체(페터 슬로터다이크 Peter Sloterdijk)"로 묶어주기 때문이다.

모든 추세는 조만간 반대 추세를 만든다. 이 현상은 특히 개별화Individualisierung라는 메가트렌드에 해당한다. 개인의 시대는 인터넷을 통해 기괴한 형태를 띠게 되었다.

우리 인간은 언제나 사회적 존재이기 때문에 -태어날 때부터 의존적이고 곤궁하고 놀기 좋아하는- 개인의 형태는 늘 공동체의 맥락에서 발전하기 마련이다.

섬에 갇혀 사는 로빈슨 크루소는 자신을 개인으로 인식할 수 없었다. 그가 프라이데이를 만났을 때 비로소 이런 자기 인식에 성공했다.

그러나 어떻게 나와 우리를 하나로 묶을 것인가?

"옛날 인간은 공동체 속에서 태어나 자신의 개성을 찾아야 했다. 오늘날
인간은 개인으로 태어나 공동체를 찾아야 한다."

_광고 대행사 K-Hole[23]

사회적 바이옴

통합된 개성의 미래를 위한 체계적인 모델로서 사회적 바이옴^{soziale} Biom이 있다. 이 개념은 캔자스 대학교의 커뮤니케이션 교수인 제프리 홀 Jeffrey Hall이 만든 것인데, 사회적 세계에 대한 유기적 모델이라는 아이디 어를 담고 있다. 그는 사회적 바이옴을 인간의 심리적, 정신적, 사회적 안 정성을 규정하는 연결과 관계의 개인적 생태계로 정의한다.

미생물과 세균이 인간 유기체에 살 듯이 우리는 사회적 바이옴 속에 살고 있다. 이것은 위기 시에도 우리를 강하고 탄력적으로 지켜줄 수 있 는 일종의 배양기다.

"우리가 접시에 담긴 다양한 음식을 필요로 하듯이, 우리는 인간의 사 회적 '자양분'에 들어 있는 소통과 관계의 혼합 유형이 필요하다."[24]

사회적 바이옴은 우리의 전반적인 건강에 대한 최고의 "예언자"다.

사회적 바이옴은 모두가 네트워크로 연결된 다양한 유대의 원 속에 서, 나와 우리의 차원을 통합한다. 이것은 양자택일이 아니라 양쪽 모두 를 포괄하는 개념이다. 우리가 사랑을 통해 경험할 수 있는 애정을 비롯 해 가정이나 우정에서 나오는 유대감, 나아가 "민족"이나 문화 형태의 관 련성에 이르기까지 다양하다.

가령 개인이나 가족보다 민족을 우선하듯이, 이 네트워크를 단 하나

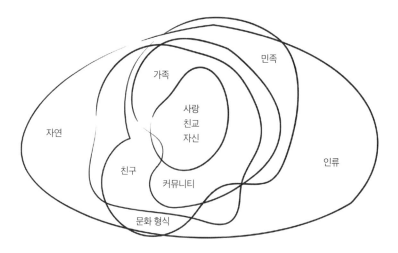

사회적 바이옴

의 수준으로 제한하려는 사람이 있다면, 그는 실패할 것이다. 그것은 모든 개인과 사회 전체를 "빈곤"하게 만드는 것이기 때문이다.

　위기가 끝나가면서, 코로나가 이 바이옴의 경계선을 확대했다는 것이 분명해지고 있다. 그것은 자연이나 인류, 영성 등 더 높은 수준의 관련 영역으로 옮겨가는 경향을 보인다. 이런 흐름은 생태학적인 인식의 변화뿐만 아니라 성에 대한 정의나 식민주의, 인종 차별을 둘러싼 논란의 증가에서 나타나고 있다.

　이전의 많은 전염병과 마찬가지로 코로나는 사회 시스템을 복잡하게 몰고 가는 요인으로 작용했다. 사회적 유대에 촉매 작용을 한 것이다.

일-삶-퓨전

새로운 직업생활

코로나가 유럽과 북아메리카에서 발톱을 서서히 거두어들이던 2021년 초여름, 흥미로운 역설적 현상이 나타났다.

- 중간 규모 이상의 기업에서는 재택 근무에서 사무실로 복귀하려고 하지 않는 직원이 많았다.
- 동시에 수년간 노동 이동과 노동 유연성을 열심히 설파하던 기업들은 가능한 한 빠른 시간에 직원들이 사무실로 복귀하기를 바랐다.

투자 은행 골드만삭스의 회장인 데이비드 솔로몬David Solomon은

호피스(홈 오피스)를 일탈 행위로 선언했다. 점차 바로잡아야 할 실수라는 말이었다. 사무실 공유 서비스 업체 위워크^{WeWorks}의 CEO인 산디프 마트라니^{Sandeep Mathrani}는 "헌신도가 낮은 사람들이 재택 근무를 편하게 생각하는 것은 분명하다."라고 말했다.

구글의 선다 피차이^{Sundar Pichai}는 직원들에게 최후 통첩을 하면서 앞으로 연간 14일 이상 집에서 근무할 사람은 신청서를 제출해야 할 것이라고 못을 박았다.

그리고 다음과 같이 말하며 "대대적 복귀"를 외쳤다.

"우리는 어려운 문제를 해결하거나 새로운 아이디어를 떠올릴 때, 개인적인 만남이나 친목이 공동체 감각에 매우 중요하다고 생각한다."[25]

무슨 일이 있었나? 코로나가 유연한 작업 방식의 필요성에 대하여 새로운 합의를 보게 한 것은 아닐까? 이러한 노동 형태가 위기 상황에서 실천되었으니 말이다.

오랜 봉쇄 기간에 일부 기업이 직원들과 직통으로 연결되는 장치를 잃었다는 느낌을 받은 것은 분명하다. 통제력을 상실했다는 느낌이었다.

그에 반해 많은 직원은 일과 가정을 통합하는 경험을 했고 이런 경험은 그들의 시각을 지속적으로 변화시켰다.

코로나는 "사무실 생활" 너머의 실험장으로서 경험의 공간을 창조한 것이다.

다양한 노동 현장의 전통적이고 비인간적이며 경직된 구조적 장벽은, 즉 9시부터 5시까지 주 5일 근무와 그것의 악성 쌍둥이라고 할 매일 붐비는 시간대의 규격화된 통근 방식은 죽어서 파묻힌 것처럼 보였다.

우리는 커피 과다 복용과 붐비는 출퇴근길, 책상에서 먹는 점심이 없는 삶을 알게 되었기 때문에 "종일 근무"로 복귀한다는 건 상상하기 어렵다.[26]

자동 커피 기계나 동료들의 지루한 농담, 점심시간의 험담 같은 것들이 무슨 매력이 있단 말인가? 수많은 시트콤에서 즐겨 다루는 고전적인 "도서 운반대"에서의 잡담이 뭐가 좋은가? ("불평꾼", "어머니", "디바", "조커" 등) 동굴 증후군Höhlensyndrom 같은 현상이 나타났다. 차라리 코로나에서 차단된 동굴이 낫다고 생각하는 사람이 적지 않았다.

그러나 다른 방향으로 향하는 동경도 있었다. 1년 내내 재택 근무를 한 컴퓨터 대기업의 한 직원은 이렇게 말했다.

"무엇보다 프린터가 그리워요. 프린터 자체보다 누군가 다른 사람과 접촉해야 이용할 수 있는 프린터 말이죠."

"포르토(FORTO)" 증후군

: 사무실 복귀에 대한 두려움 (Fear of Returning To the Office)

코로나는 노동현장과 관련해 불안의 물결을 몰고 왔다. 시작은 실직에 대한 불안이었다. 이어서 변화된 상황에 대처하지 못하면 어쩌나 하는 두려움이 찾아왔다.

문 밖에서 아이들이 놀고 배달원이 종을 울려대며 그 밖에도 수시로 방해를 받는 집에서 일에 집중할 수 있을까?

그런 다음에는 동료들이 벽으로 둘러싸인 개인 공간으로 갑자기 쳐들어와 카메라를 들이대지나 않을까 하는 불안이 생겼다.

내가 화면에 어떻게 비칠까? 가구가 너무 구닥다리는 아닐까? 다른 사람들은 어떻게 생각할까? 이런 식이다.

모든 것은 사무실로 복귀하는 데 대한 두려움으로 집약되었다. 많은 직원은 사회적으로 밀집된 사무실 생활이 일으키는 스트레스로 인해 심리적으로 갑자기 압도당하는 느낌을 받았다.

코로나를 겪고 난 요즘, 출근 의무가 따르는 종일 근무 일자리를 받아들일 수 있다고 생각하는 사람은 점점 줄어들고 있다. 앞으로 유연한 근무 방식이 허용되지 않을 때 사직을 고려하는 사람이 많다. 과거에도 시간적으로나 공간적으로 유연한 근무 형태가 있기는 했지만, 그것이 여전히 새로운 기준이 되지는 못 했다.

장거리 통근 노동자 외로움

"우리는 사무실에 집착했다."라고 노동 연구가인 아니 아우어바흐
Annie Auerbach는 말한다.

"우리는 장밋빛 안경을 통해 사무실을 삼투작용처럼 학습이 이루어지고
냉온수기 주변의 자극적인 대화가 획기적인 혁신으로 이어지던 장소로
기억한다. 그러나 사무실은 대부분 외로운 저장 작업을 하는 장소였다.
사람들은 사무실에서도 외로움을 느꼈다."[27]

이기적인 시스템

100년 전 현대적인 사무실 구조의 발명이라고 할 포드식 분업 방식의 특징이 잔존하는 오늘날 우리의 노동 현장은 이기적 시스템으로 부를 수 있는 전형적인 예에 해당한다.

우리를 둘러싼 시스템은– 사회적 시스템, 경제적 시스템, 정치적 시스템– 생물학적 시스템과 마찬가지로 자기 보존 본능을 가지고 있다.

그것은 존속을 위해, "번식"하기 위해 미친 듯이 싸운다. 각종 기관과 기업, 특히 대기업은 계속 성장하고 영향력을 확대하기 위해 모든 수단을 동원해 싸운다. 산업노동, 즉 공장에서 이루어지는 노동도 2차, 3차 부문으로 확대되었다. 이것은 네 가지 변수로 결정된다.

1. 고용자와 피고용자를 엄격히 구분하는 임금 의존성
2. 프리젠티즘: 하루 8시간 근무라는 기준, 출근 의무
3. 시급: 시간당 비율로 임금 배분
4. 외부 결정: 노동을 지시받은 형태로 이해함

이런 노동문화는 다시 수많은 다른 사회 시스템과 뒤얽힌다.

- 핵가족 및 성별 차이의 체계

- 임금 시스템
- 직업별 지위 체계
- 연금이나 보험 같은 사회적 체계
- 일상 리듬의 체계
- 계층 체계

이런 시스템에서 유명한 "워라밸(Work-Life-Balance, 일과 삶의 균형)"을 실현하는 것은 사실상 불가능하다. 삶과 소득의 균형을 맞추려고 하면 할수록 두 영역은 서로 충돌하게 된다. 그리고 적자에 빠져든다.

늘 뭔가가 부족하고 항상 사방에서 죄책감을 느낀다.

이 모든 시스템은 너무도 깊숙이 맞물려 있기 때문에 해체가 어려우며, 산업사회에서 존재의 권리로 간주되는 유급 노동은 노동 현장에서 바꾸기가 지극히 어렵다.

비록 수년 전부터 다양성을 존중하고 계층 구조를 지양하며 낡은 노동 질서를 거스르는 독립 정신과 워라밸을 지향하는 대대적인 반대 흐름이 생기기는 했지만, 그 모든 시도에는 한계가 있었다. 혹은 그런 시도가 새로운 착취 형태라고 할 자기 착취로 이어졌다.

하지만 코로나는 변화를 가속화할 것이며 새로운 통합 체제를 가능하게 할 것이다. 마르크스주의 식으로 표현하자면, 자본과 노동 사이의 권력 관계가 바뀐 것이다.

새로운 인력 부족

예전의 감염 위기 때처럼, 코로나도 노동시장의 무게 중심을 옮겨놓았다. 많은 나라에서 팬데믹은 본격적인 노동력 부족Labour Crunch 을 낳았다. 서비스 업종의 노동자 수백만 명은 노동시장으로 돌아가지 않았다.

많은 요리사와 식당 접객원은 레스토랑으로 복귀하지 않고 다른 일자리를 찾거나 직업을 전환했다. 이전에 여행업에 종사하던 사람들은 코로나 이후 갑자기 사라졌다. 전에는 인력시장에 이렇게 빈자리가 많았던 적이 없었다.

이번 위기의 큰 수혜자는 수공예업자였다. 자리를 잘 잡은 수공예업체는 엄청난 돈을 벌었다. 위기 시에는 뭔가가 실제로 작동하는 것이 얼마나 중요한지가 너무도 분명해졌다.

요즘 미국에서는 거의 모든 업종에 걸쳐 "대대적 퇴사Great Resignation"라는 말이 나돌고 있다.

『타임』지는 "팬데믹은 우리가 자신이 하는 일을 얼마나 증오하는지 보여주었다. 이제 우리는 새로운 일거리를 만들어 낼 기회를 맞았다"라는 제하의 기사를 실었다.[28]

스칸디나비아 지역에서는 다른 산업국가에도 영향을 줄 수 있는 현상이 전개되고 있다. 스칸디나비아 지역의 남녀는 가정과 직업에 대해 세계의 거의 모든 지역과는 다른 시각을 가지고 있다. 남녀의 평균 노동 시간은 북유럽 국가에서 주당 약 30시간이다. 이런 시간 배당으로 전통적인 남녀의 분업 없이 일과 가정을 실질적으로 "관리"할 수 있다.

그 대가는- 혹은 보수는- 분주한 직장생활이다. 이런 현실은 살인 사건이 발생하기 직전의 아침 시간에 경찰이 어린 스베냐를 유치원에 데려다주는 범죄 시리즈에서 흔히 볼 수 있다. 이런 노동시장 정책의 개념은 "유연안전성Flexicurity "이라고 불린다.

유연안전성

유연안전성(유연성 flexibility과 안전성 security의 합성어)은 직업생활에 관해 우리가 알던 것과는 다른 이해를 기반으로 한다. 이 정책의 목표는 더 이상 "직장의 안전"이 아니다. 직장 경력은 주기적으로 다양하게 정의되고 국가의 실업 대책은 산업 정책이나 분야별 정책이 아니라 활과 직업 간의 공통 분모에 초점을 맞춘다. 여기서 개별화된 연수와 재교육에 의해 고도로 전문화된 이직 기회가 주어진다. 실업 수당은 새 일자리를 얻을 때까지 충분하게 지급된다.

이 같은 협동적 개인주의는 스스로 변화되는 고도의 자발적인 태도를 요구한다. 또 노동 당국의 조직도 완전히 달라져야 한다.

아일랜드의 대대적인 연구는 노동 시간을 주 4일로 줄일 때, 생산성과 삶의 만족도가 올라간다는 놀라운 결과를 보여주었다. 따라서 더 적은 시간에 같은 돈을 버는 것이 이제는 유토피아가 아니라 경제적 현실이다.[29]

일과 삶의 융합

코로나가 일이라는 솥뚜껑을 날려버렸다. 아니면 적어도 거기에 구멍을 냈다. 이제는 그 기계의 개별 부속품이 눈에 보인다. 그리고 이것이 새로운 옵션, 새로운 관점과 협상안을 만든다.

성과와 생산성이 새로운 관계로 발전할 수 있을까?

어제의 낡은 확실성은 오늘 더 이상 의미가 없다고 작가인 로리 페니 Laurie Penny 는 말한다.[30]

세계가 지옥으로 변하는 마당에 어떻게 우리가 생산성을 유지해야 할까? 우리 세대는 누구나 붕괴가 임박해 있고 경제적 불확실성이 끝이 없다는 인식과 더불어 지속적인 노동만이 위기에 대처하는 유일한 방법이라고 배웠다. 내가 조금만 더 일하면 모든 게 좋아진다고 했다. 아무도 다치지 않으며 죽음이 힘을 쓰지 못한다는 것이다. 내가 조금만 더 적응을 잘 하면 된다고 했다!

철학자 마르쿠스 가브리엘 Markus Gabriel 은 코로나가 하룻밤 사이에 우리 모두를 "디지털 프롤레타리아"로 만들었다고 말했다. 하지만 많은 사람이 고전적인 임금 노동을 벗어난 존재 형식에 가까워진 것은 사실이다. 가사 노동이나 자녀 교육, 돌봄, 이웃이나 친지 보호를 통해서 말이다. 위기 국면에서는 본디 "비생산적"이던 그런 활동이 새로운 존재 형식에 포함된다.

코로나는 우리 활동의 의미에 관해 부드럽지만 단호한 물음을 던진다. 많은 사람은 다람쥐 쳇바퀴 돌 듯하는 과거로 돌아가지 않을 것이다. 그렇지 않은 사람도 최소한 의문을 품을 것이다.

그리고 자신의 위치를 "재정립"하거나 완전히 새로운 일을 만들어낼 것이다.

□ TOPIC 8

사고 전환 운동

관심경제학의 의식 변화에 관하여

1997년 물리학자 마이클 골드하버Michael Goldhaber는 잡지 『와이어드 WIRED 』에 전설적인 논문을 게재하며 처음으로 "관심경제학Attention Economy"이란 개념을 사용했다.

그는 당시만 해도 초기 단계에 있던 인터넷의 폐해를 정확히 예견했다. 대규모 플랫폼의 지배체제나 다크넷의 테러리스트 문제점을 내다본 것이다.

처음에는 관심이 일단 인간의 기본적인 욕구를 불러일으킨다. 그러나 관심은 동시에 엄격히 제한된다. 우리 인간은 순수한 관심을 공유할 수 없기 때문이다. 그러므로 관심경제학은 제로섬 게임이다. 한 사람이 얻는 것을 다른 사람은 얻지 못한다. 하지만 동시에 누구나 인터넷에서는 정확하게 한 개인에게 관심을 돌릴 것처럼 행동해야 한다. 수신자는 가공의 관심이라도 돌려받아야 한다.[31]

골드하버는 실시간 기술의 시대에는 다른 모든 "원자재 위기"를 무색케 할 만큼의 새로운 결핍 현상이 발생하리라는 것을 예언자처럼 내다보았다. 그가 예측한 것은 정신적인 위기로서 관심 부족의 위기다.

우리 인간은 누구나 주목받고 인정받고 응답받기를 원한다. 이것은 음식이나 섹스 외에 가장 실존적인 인간의 욕구다. 그런데 바로 이 자원으로 인터넷 통신은 우리를 함정에 빠트린다는 것이다.

디지털 네트워크는 우리에게 놀라운 것을 보장한다. 관심과 애정과 연결성을 풍부하게 제공하기 때문이다. 우리는 모두 서로 좋아하고 소중히 여기며 모든 경계를 넘어 연결되는 친구가 아닌가? 결국 우리는 자신의 아이디어나 생각, 느낌을 수십, 수백만 사람과 공유할 수 있다.

우리는 강하다. 우리는 할 말을 한다. 우리는 모든 것을 알 수 있으니까! 우리는 언제나 정보를 접한다. 더 이상 외롭지 않다. 더 이상 무시당하지 않는다. 우리가 하는 말이 외면당하는 일은 절대 없다.

가짜 감정

오늘날 통신 네트워크를 통해 점점 강력해지는 히스테리와 증오의 폭주, 의견 전쟁은 궁극적으로 거대한 관심 방해에 대한 반응으로 읽힌다. 우리는 골드하버가 말한 "가공의 관심"의 희생자가 된다. 인터넷은 수없는 가짜 연결, 관계 위조 및 접촉 환상을 만들어내기 때문이다.

"인터넷에서는 누구나 정확하게 한 개인에게 관심을 돌릴 것처럼 행동해야 한다."

사람들은 그런 속임수에 아주 민감한 반응을 보인다. 무엇보다 영혼의 외로움을 느낄 때 그렇다. 그럴 때는 관심을 끌려는 시도를 한다.

이것은 분노와 언어적 공격을 사용하는 것이 가장 쉽다. 아니면 터무니없는 말을 할 때 무슨 일이 벌어지는지 실험하기도 한다. 그리고 이런 방법이 통하지 않을 때 증오의 반응을 보인다.

나는 너무 중요해! 내가 위험해! 나 여기 있어!

이렇게 우리는 인터넷에서 실존적 느낌이라는 낚싯바늘에 매달린다. 우리의 뇌가 단순하게 실제 상황으로 받아들이는 시뮬레이션 한복판에서. 그리고 믿었던 연결이 실현되지 않기 때문에 분노를 터뜨린다.

하이퍼미디어의 특징

하이퍼미디어의 특징(Hypermedialität)은 중간 영역에서 경험과 구체적인 현실을 덮어쓸 때 발생한다. 그런 다음 인식의 가상화가 나타난다. 그것은 단지 "추상적인" 해석이나 주장, 자극 혹은 소문에 관한 것이기 때문에 우리 스스로 지향하는 현실의 틀은 무너지기 마련이다. 우리는 불안과 주장, 과장의 특징을 띠는 히스테리 사고의 황홀경에 빠진다.

개념 크리프
: 현실은 어떻게 통제를 벗어나는가?

간단한 인지 실험을 하나 해보자. 무작위로 10명을 뽑아 빨간 점과 파란 점이 들어 있는 카드를 나누어준다. 그리고 빨간 점은 "악"이고 파란 점은 "선"이라고 설명해준다.

실험 참가자는 그저 카드에 선과 악의 개수를 적으면 된다. 이것을 열 번이고 스무 번이고 반복한다. 그런 다음 색깔이 분명치 않은 점이 들어간 카드를 몰래 섞는다. 보라색도 있고 하늘색이나 자주색도 있다.

그러면 잠시 후에 모든 실험 집단에서 "악"의 개수가 증가한다. 무작위로 섞은 순전히 우연한 색깔인데도 그렇다.

이 훈련은 친절한 얼굴과 위협적인 얼굴을 넣어서 실험할 수도 있다.

실험이 진행되는 동안에 위협적인 느낌을 주는 얼굴이 줄어들면, 갑자기 중립적이거나 완전히 정상적인 얼굴도 점점 더 위협적인 것으로 평가되는 경우가 늘어난다.

이것이 **개념 크리프**Concept Creep(개념의 확장-옮긴이)의 효과다. 이 "개념 크리프"는 사회심리학자인 닉 하슬람Nick Haslam이 수많은 실험을 거쳐 연구한 것이다. 이 현상을 좀더 자세히 살펴볼 필요가 있다.

개념 크리프의 일곱 가지 차원

크리프 1 : 혼합

광고가 단순히 '광고'였던 때를 기억하는가? 하베HB – 기분 좋게 즐기세요. 60년대의 전설적인 담배 광고다. 하베의 남자 캐릭터는 세계적인 금연운동에 부닥칠 때면 언제나 분노를 터트렸다.

이를 본 사람들은 젊거나 늙거나 흡연자나 비흡연자나 모두 즐거워했다. 광고는 재미있을 수 있고 재미있었으며 90년대에는 예술로 승화하기까지 했다. 어떤 점에서는 메시지와 효과가 서로 분리되어 있었다.

오늘날 광고는 마케팅의 일환이며 "커뮤니케이션"이 포함된다. 또 "인포테인먼트"이자 "콘텐츠"다.

광고는 "침투성"과 "변화 능력"이 있어야 하고 "전파되는" 것이 가장 좋다(코로나 시대에는 불리한 공식).

그러므로 광고는 식별이 가능한 메시지라는 틀을 깨버린다. '모든 것'이 갑자기 광고가 될 수 있다.

빗컴Bitcom 디지털경제 산업협회는 2018년에 실시한 연구를 통해 소셜 미디어 사용자 두 명 중 한 명은 광고와 정보의 차이를 구분하지 못한다는 사실을 밝혀냈다.

크리프 2 : 확대

니콜라스 하슬람Nicholas Haslam에 따르면, 인지 개념은 수직 방향이나 수평 방향에서 서서히 나타날 수 있다. 수직적 형태에서는 사소한 현상이 강력한 밈(혹은 프레임)으로 "끌려 들어간다."

예를 들면 보수적인 사람을 "나치"라고 부르거나 코로나에 따른 제한 조치를 "파시즘"으로 표현하는 식이다.

혹은 유대인의 다윗의 별을 "미접종"이란 패찰과 함께 달고 다닌다. 크리프 원리는 여기서 비방의 정의를 확대하는 차원에서 작동한다.

수평적 형태에서는 전에는 제한적이었던 의미의 틀을 부풀린다.

내가 어릴 때, 중독자라고 하면 헤로인을 하는 마약 중독자를 가리켰

이 모습이 화난 시민인가?

다. 오늘날에는 도박 중독도 있을 수 있고, 섹스 중독이나 음식 중독, 산책 중독, 감정 중독, 쾌락 중독, 넷플릭스 중독, 빵 굽기 중독 등 한이 없다.

이런 흐름은 진단의 경계 해체로 이어진다. 주의가 산만한 아이들은 언제나 과잉행동증후군ADHS으로 분류된다.

섭식장애는 이미 이상적인 체중이 되기 직전이나 직후부터 시작된다. 슬퍼하거나 오랫동안 비탄하면 우울증을 앓는 것이다.

종 멸종은 오늘날 더 이상 종의 멸종이 아니라 인구 감소다.

이것이 중요하지 않다고? 전혀 그렇지 않다. 우리는 개념을 통해 세계를 설명하고 파악하기 때문이다. 개념을 잃어버리면 세계를 잃는 것이다.

크리프 3 : 탈규범화

전에는 날씨가 덥거나 춥거나 비가 오거나 했다. "한때 비"는 항상 있었다. 그러나 지금은 날씨가 날씨다움을 벗어난다.

뉴욕: 1미터에 가까운 폭설!

극한의 날씨: 살인적인 폭풍전선이 유럽으로 몰려오고 있다!

시간당 40리터의 비: 기후 재앙은 이미 시작했는가?

빈의 『프레세^{Presse}』는 언젠가 다음과 같은 기사를 올렸다.

"더위 실종: 거의 그때와 같은 여름이… 며칠 포근하다가 다시 비, 본격적인 여름철은 거의 보이지 않는다. 올 여름은 지금까지 기대와 두려움을 전혀 충족시키지 못했다. 오히려 요즘 날씨에 견주면, 과거에 우리가 알던 낮 기온 30도가 예외적으로 궤도를 벗어난 것으로 보인다."

여기서 예전의 정상은 비정상으로 선언된다. 말하자면 비정상이 정상의 영역으로 들어온다. 이런 현상은 일종의 기억 상실로 이어진다.

우리는 폭우나 태풍, 폭설, 폭풍해일 같은 기상 이변이 항상 있었다는 것을 잊는다. 지구 온난화가 없을 때도 재앙 수준의 이변이 있었다는 것을 말이다.

예를 들어 1362년의 "그로테 만드렝케(대규모 익사)"는 슐레스비히-홀슈타인 전역을 파괴했고 그 결과 오늘날의 섬 지역이 그곳에 생겨났다. 우리는 "개념 크리프"가 된 정상 상태에서 항상 경악한다. 그 상태는 우리가 노숙자 신세로 배회하는 영구적 예외 상태에 걸맞다.

> 거짓말은 우리가 겁먹기를 바란다. 그리고 나쁜 소식은 우리가 항상 다시 돌아오기를 바란다.
>
> _A. L. 케네디

크리프 4 : 요구의 크리프

우리가 점점 더 풍요로운 복지사회로 나간다고 상상해보자. 누구나 삶의 수준이 더 높아진다. 빈곤층도 점점 더 많은 재화를 얻는다. 그러나 번영의 사다리를 타고 높이 오를수록, 우리는 번영의 결과로부터 그만큼 더 큰 실망을 하게 될 것이다. 그리고 우리는 방해물을 불안정의 징표로 받아들일 것이다.

이런 크리프 효과는 "잔류 악의 명제Restübelthese" 혹은 "부정적 잔류물의 침투"(철학자 오도 마르크바르트Odo Marquard의 표현)라고 불린다.

물질적 안정이 증가하는 사회에서 잔존하는 불안정은 그만큼 더 수치스럽기 때문이다. 바꿔 말하면 "진보의 역설Fortschrittsparadox"이라고 할 수 있다.

인간은 더 큰 번영을 누릴수록 그만큼 더 불안정하게, 더 가난하게 느낀다는 말이다.

더 민주화된 사회일수록 더 비민주적인 인상을 준다. ("메르켈의 독재는 동독 시절보다 더 악랄해!") 규칙이 잘 지켜질수록 규칙 위반은 그만큼 더 추문이 된다.

이런 보편적인 추문화의 결과로 번영 자체를 먹고 사는 히스테리가 나타난다. 그리고 히스테리는 절도 사건이 발생할 때마다 부패의 징후를 외치고 살인사건이 터질 때마다 소모적인 범죄영화 시리즈를 만들어낸다.

사람들은 절도와 살인, 과실치사가 끊임없이 벌어진다는 인상을 받는다. 실상은 그 반대의 경우일지라도.

크리프 5 : 도덕 크리프

흥분하는 사회에서는 어느 시점에 가면, 도덕성이 윤리적인 테두리를 벗어나 뭔가를 요구하는 태도로 이어진다.

예를 들면 불평등에 대한 비난이 변한다. 어느 사회든 항상 불평등은 나오기 마련이다. 그것은 복잡한 사회적 역동성의 본질이기도 하다.

사회의 진보는 이런 차이의 균형을 가능케 한다. 하지만 국가 정책의 가능성은 늘 제한적이다. 또 재분배도 사람들을 "유복하게" 만들지 못한다.

하이퍼미디어 세계에서는 끊임없이 비교되고 "등급이 매겨지고" 그에 따라 평가되기 때문에, 어디서나 항상 속고 있다는 주관적인 의심이 엄청난 위력을 발휘한다.

그리스 파산: 독일 납세자가 게으른 그리스인들을 구제한다고?

새로운 은행법: 사기냐, 중범죄냐?

직장 여성: 배제냐, 압박이냐?

이런 주제를 단골로 다루는 토크쇼에서는 사회적 불의에 대한 히스테리가 펼쳐지고 이것은 사회에 대한 모든 논쟁을 깨부수는 사회적 크리프가 된다. 불평등의 문제가 극단으로 치닫기 때문이다.

이렇게 되면 문제 해결이나 완화는 중요하지 않고 책임 추궁만 전면에 부각된다.

대재난이 닥친 것 같은 소란 속에서 분열과 비난이 난무하고 사회는 "분열된다". 빈곤층은 - 큰 부자가 아닌 계층 - 끔찍하게 착취당하는 꼴이 된다. 본격적인 포퓰리즘을 낳는 기름진 배양액이라고 할 수 있다.

전에는 모든 것이 더 좋았다. 모든 것이 얼마나 나쁜지 알았기 때문이다. 오늘날은 모든 것이 더 나쁘다. 모든 것이 무조건 좋아야 한다고 생각하기 때문이다.

_ 리자 에크하르트

심리적 반란

사회에, 나아가 전 세계에 재앙의 틀을 씌우는 이 기이하고도 광적인 현상에 어떻게 대처할 것인가? 그것을 비판한다고 될 일은 아니다. 반란을 일으켜도 안 된다. 모든 것이 조금 나빠지지만 않았다면 하며 논란을 벌이거나 우려를 표하는 것도 전혀 도움이 안 된다. 트럼프에 반대해봤자 그의 입장만 강화시켜주지 않았던가.

미디어에서 열띤 토론을 벌이며 이성에 호소하는 것을 보면 당혹하지 않을 수 없다. 의견 전쟁을 벌이며 이런저런 의견을 던지는 것은 희망이 없다.

미국의 다분야 아티스트인 제니 오델Jenny Odell은 〈아무것도 안 하기 Doing nothing〉란 멋진 제목의 책을 썼다.

버락 오바마의 애독서에 속하기도 하는 이 책은 놀랍게도 베스트셀러가 되었다. 오델은 트럼프가 당선된 이후, 충격에 마비된 채 끊임없이 끔찍한 현실에 절망하는 길을 거부한 과정을 서술하고 있다. 그는 대신 금욕적인 태도를 취하기로 결심했다. 트럼프를 둘러싼 관심과 두려움과 흥분의 악순환에서 빠져 나가기로 한 것이다. 하지만 어디로 빠져나간단 말인가?

오델은 이미 오래전부터 유행하고 있는 "디지털 다이어트" 캠프를 설명하고 있다. 여기 참가하려면 단단히 결심하고 스마트폰을 금고에 넣어 둬야 하며 양궁에서 포옹요법Kuscheltherapie에 이르기까지 다양한 활동 중에 원하는 것을 선택할 수 있다.

하지만 이것은 그가 "빠져나간다"고 말한 방향이 아니다. 그보다 오델은 사회와 자기 자신에 대해 책임지는 길을 전파한다. 새로운 현실과 마주치는 전제 조건으로서 자기 관리의 전략이라고 할 수 있다.

오델은 고대에 "참가 거부"의 역할을 맡았던 **냉소가**의 전통을 주목한다.

그러나 그다음에 필요한 것은 완전한 이탈이 아니라 지속적인 훈련이다. 관심을 거둘 뿐만 아니라 다른 곳에 투자하는 능력이 필요하다. 관심을 확대하고 강화하고 날카롭게 다듬어야 한다. 클릭 미끼가 우리의 클릭을 기대할 때, 우리는 멈추고 생각할 수 있어야 한다. 인기를 잃는 한이 있어도 전후 맥락을 찾아보는 것이다… 우리는 언제 죄책감을 느끼는지, 언제 위협을 느끼고 우리의 의지와 성찰이 아니라 걱정과 두려움에서 발생하

는 반응에 이끌리는지를 인식해야 한다.[32]

의도적인 무시와 관심 거두기

관심이 우리 모두가 매달리는 미끼일 때는 의도적인 무시가 새로운 자유와 주체성으로 나가는 길이다. 코로나 이전부터 미디어의 히스테리에 대한 정신적 대응을 추구하는 조용한 운동이 있었다. 깨어 있음 Achtsamkeit 운동이다.

깨어 있다는 것은 그 자체가 의미론적으로 크리프에 속하는 지속 가능성과 마찬가지로 여기서 나오는 악마의 속삭임 중 하나다. 엘리트적인 과민성에서부터 나르시시스트적인 특징을 띠는 은밀한 무시에 이르기까지 거의 모든 것을 깨어 있음으로 분류할 수 있다.

하지만 본질은 자신의 인식과 그 내적 구조를 이해하고 통제하는 데 있다. 중요한 것은 우리를 크리프에서 세계의 현실로 이끄는 내면의 여행이다. 우리가 활동할 수 있는 세계로 나간다는 말이다.

하지만 순수한 깨어 있음은 자신이 정신을 관찰자의 위치로 거두어들이는 것을 의미하지 않는다. (예를 들면 명상이나 묵상의 형식을 통해.) 적극적인 차원도 필요하다. "마음 씀"(혹은 "깨어 있음")의 결정적인 요소는 우리의 생각을 현실의 가장 중요한 요소로 파악하는 법을 배우는 것이다. 바꿔 말하면, 머릿속에서 세계의 구조를 짜는 데 책임을 진다는 것이다.

깨어 있음은 소음과 현실을 혼동하지 않는 것을 의미한다. 또 우리의 영향을 현실과 혼동하지 않는 것이다.

문제와 문제 해결만 있는 것도 아니고 성공과 실패, 참과 거짓만 있는 것도 아니다. 대안은 일종의 통합적 사고다.

이것은 세계의 모호성에 알맞지만, 게임과 실험, 대담성을 즐기는 가운데 세계와 마주친다. 이것은 원과 곡선, 피드백의 사고라고 할 수 있다.

복잡성에 대한 욕구이자 사물의 상호 연관성에 대한 이해이기도 하다. 정신적으로 원 구조에서 움직이고 통합을 통해 보충하며 뉘앙스의 힘을 발휘한다.

열린 틈을 찾는 것이기도 하다.

통합적 사고는 관찰 과정에서 우리 자신을 관찰할 수 있다는 의미다. 통합적 사고란 반대에 부딪쳤을 때, 항상 다른 것을 **같이 생각할 수 있으**며 그럼에도 결정을 내릴 수 있다는 것을 말한다.

세상에 적합한 다른 생각을 배우기 위해 우리는 관심을 강요하는 미디어의 횡포에서 벗어나야 한다. 요즘 미국에서는 "관심의 불황attention recession"이라고 불리는 현상이 유행한다.[33] 코로나의 여파로 인해 점점 많은 사람이 광적인 미디어의 조작에 등을 돌리는 현상이 나타날 것이다.

우리는 넷플릭스의 모든 시리즈를 보고 난 뒤에 언제나 똑같다는 것을 안다. 둠스크롤링Doomscrolling의 모든 단계를 거친 뒤에 – 끝없는 클릭이 다시 새로운 끔찍한 사건의 보도로 이어지는 것을 거친 뒤에– 모든 "보도"와 "의견"과 "정보"가 실제로는 광고의 형식에 불과하다는 것을 이해한 뒤에, 우리는 새로운 현실에 눈을 뜨게 된다.

마음 씀 혹은 깨어 있음

우리 뇌의 의식이 활성화된 상태, 즉 마음 씀 상태에서 우리는 서로 맞물려 있는 이성적, 감성적, 성찰적 태도의 균형을 취한다. 우리가 화를 내거나 의식적으로 무시하는 행위를 통제하는 까닭은 그런 것이 우리의 과제에 맞지도 않고 가능하지도 않기 때문이다. 우리는 현재 속에서 미래를 지향한다.

도시의 전환

도시, 그리고 "단조로운" 시골의 변화

코로나 시대에 인적이 끊긴 도심을 걸을 때의 말할 수 없이 강렬한 느낌을 기억하는가? 텅 빈 함부르크나 한적한 파리, 유령이 나올 것 같은 바르셀로나를 걸을 때의 그 기분을?

거기서 나타난 것은 도시 에너지에 대한 정신적인 부정이었다. 그 에너지가 충만할 때의 공허함을 가리키는.

전염병이 번지면 부자들은 도심에서 시골 별장으로 달아나고 다시 채워지게 될 "중심의 공간"을 남겨둔다.

관광과 상업이 침체하면 주민들은 갑자기 그들의 도시를 새롭게 체험할 수 있는 주민이 된다. 동물들은 다시 돌이 널린 광야로 돌아가거나 행동을 바꾼다.

내 지인들 중에는 도시 봉쇄 기간에 새 울음 소리 얘기를 하는 사람이 많았다.

갑자기 기회가 주어지는 여유 공간이 생긴다. 공공장소는 자전거 타는 사람들이 점령한다. 자동차는 방역 무장을 한 채 도시를 질주하고 교도소 재소자들은 갑자기 자신이 갇힌 것이 아니라 그곳에 침입한 것임을 깨닫는다. 그 공간을 강탈한 것이나 다름없다는 것을.

사무실 건물은 쓸모없어지고 백화점은 창의적인 사람들이 접수한다. 호화 아파트들이 매물로 나오고 부자들의 저택에는 못이 쳐지거나 그저 경보 장치만 달려 있을 뿐이다.

3차 대유행 이후 감염률이 떨어지자, 뉴욕에서는 1차 대유행 당시의 특징이었던 진취적인 안도감이 다시 번졌다.

이곳은 우리 도시고 우리는 저항할 것이라는 듯!

곳곳에 환한 얼굴이 넘쳤고 낯선 사람들을 보면 이제는 한동네 사람이나 동료 인간이 된 것처럼 포옹하고 입맞춤의 신호를 보냈다. 최초의 파티가 열리고 최초의 음악회가 열린다. 전에는 일상이거나 의무적인 규정 종목이었지만, 모든 것이 새로워진다. 모든 것이 새로워지는 중에 도시는 재탄생되어 환하게 빛난다.

도시의 변신

지금은 2038년. 교통 체증과 스모그로 대표되는 과거의 비좁은 대도시를 아직도 기억하는가? 정말 어처구니없는 일이다. 비행기나 식당에서 흡연하는 것이 2020년 당시의 사람들에게 이상하게 보인 것처럼 지금 생각하면 많은 것이 터무니없던 시절이었다.

승승장구하던 산업사회의 생활방식에 젖어 자동차와 소음에 굴복한 코로나 이전의 도시를 기억하냐고? 당연히 기억한다. 그러나 지금은 모든 것이 달라졌다.

과거에 도시를 지배한 것은 자동차 교통이었다. 아침이면 긴 자동차 행렬이 도심으로 들어가고 저녁에는 다시 빠져나오는. 자신의 삶을 의문시하며 좌절하는 직원들로 가득 찬 곳. 그때는 하루의 리듬이 사무실이나 상점의 개장 시간에 따라 결정되었다. 도시는 여러 분야로 나누어졌고 기능 단위에 따라 쪼개졌다. 도심에는 상업 거래, 변두리에는 자이언트 주차장이 딸린 거대한 쇼핑센터. 통근자 거주지와 상업도시, 사무실 도시, 교외, 온갖 형태의 게토 등등….

이런 도시에 아이들과 노인, 외지인을 위한 자리는 제한적이었다. 그리고 무엇보다 유기적인 환경이나 자연과의 접촉을 위한 공간이 부족했다.

오늘날의 도시는 지붕이나 건물 전면을 막론하고 어디나 녹색으로 가득하다. 투명한 유리 건물의 내부 공간을 정글이 차지한다. 사용하지 않는 지하철 시스템의 일부를 차지한 지하 농장은 인공 조명 시설을 갖추고 있다. 도시 전체가 정글이다.

도시는 10분 거리의 도시로 바뀌었다. 필요한 볼일을 보러 가는 데 도보로 10분, 자전거로 5분이면 된다. 쇼핑과 여가 시간, 운동, 녹음이 우거진 공원 어디든. 의료 서비스나 문화시설, 관청도 마찬가지다.

코로나는 과거 산업화에 따라 형성되고 쪼개진 도시에 새로운 변화를 가져다주었다. 모든 도시마다 놀라운 변화가 찾아왔다. 활동가들과 도시 설계자들, 지역 정치인들, 여성 시장들이 도시의 뉴딜을 구상했다.

이것을 "코펜하겐화Kopenhagenisierung"라고 부르기도 했다.

코펜하겐화

선구적인 도시 코펜하겐의 이름을 따서 명명된 이 개념은 오늘날 산업화 이후의 도시화 단계를 의미한다. 이 단계에서는 과거의 도시 분할과 선택 방식이 통폐합된다. 맨 먼저 자동차 교통이 억제되는 가운데, 도시 어디서나 자전거와 보행이 지배적인 이동 수단이 된다. 이어 공공장소는 건물 사이의 사각지대를 탈피해, 활성화된 만남의 광장으로 변신한다. 도시의 "문제 지역"은 스마트한 도시 재활성화(gentrification)를 통해 변모한다. 목표는 모든 중요한 서비스를 최단 거리로 연결해주는 10분 도시다.

관계 설계자

얀 겔Jan Gehl은 "새로운 도시 활력"으로 가장 유명한 도시 설계자다. 그는 모든 대륙에서, 또 보고타나 모스크바처럼 "까다로운" 대도시에서 설계 사무실을 열고 산업화된 도시에서 흔히 황폐해지고 슬럼화되거나 버려진 공공장소를 살려낸다. 사실 이런 곳은 언제나 건물 사이에 낀 공지였으므로 사람들이 공공질서를 어지럽힐 가능성이 컸다. 겔의 구호는 사람이 먼저고 건물은 그다음이라는 것이다.

전 세계에서 대부분 주거용 건물을 짓는 미국의 건축가 지니 갱Jeanne Gang은 경찰서나 고층 건물 같은 대형 프로젝트를 맡기도 한다.

그는 또 건축을 사회적 관계의 관점에서 보는 급진적인 시각을 가지고 있다. "나는 콘크리트를 짓는 것이 아니라 관계를 짓는다."라고 지니 갱은 말한다.

그의 최대 프로젝트 중 하나는 시카고의 70층짜리 주거용 타워로서 700채 이상의 아파트가 딸린 아쿠아 타워다. 아쿠아 타워는 수직으로 세운 동네다. 위치 이동식 발코니의 건물 전면을 통해 언제나 주민들 간에 접촉이 가능하다. 이것은 필요한 것이기도 하다.

베이루트에 있는 21층 높이의 백색 아야 타워는 도시를 긍정적으로 변화시킨 또 다른 예다. 이 건물은 2020년 8월에 대규모 폭발 사고가 발생한 항구에서 몇 킬로미터 떨어져 있지 않다. 당시 이 타워는 공사 중이었지만 별 피해를 입지 않았다.

그 재난 이후 이 건물은 희망의 등불 같은 역할을 한다. 파리에 있는 소아SOA 건축 사무소의 건축가들은 이 타워를 "수직 마을Vertical Village"로 건설했는데 매우 정교하게 세운 완벽한 단독주택으로 구성되었기 때문에 모든 아파트마다 개방형 테라스가 딸려 있다. 아래층의 상가와 사무실은 건물의 전반적인 자급자족을 가능케 해준다.

그런 희망의 상징 같은 건물은 위기로 충격을 받은 도시에 엄청난 치유 효과를 발휘할 수 있다. 따라서 장기적인 산업 침체기 이후 빌바오 시를 변모시킨 구겐하임 미술관 같은 기능을 한다고 볼 수 있다.

전 세계에서 주거 연결성의 새로운 형식이 폭발적으로 늘어나고 있다. 최근 독일의 중간 규모 이상의 도시에서만 이른바 공동 주택Co-Housing 혹은 공동 생활Co-Living 프로젝트가 3,000건이 진행 중이다.

공동 생활 구역은 아주 정상적인 주거 지역이지만, 그 기능은 고전적인 "아파트 단지"와는 다르게 네트워크화되어 있다.

취리히 공항 부근의 훈칭거-아레알Hunzinger-Areal을 예로 들면, 2,500명의 다양한 주민을 수용하고 있다.

남녀 노소, 동성애자와 이성애자, 단독 세대와 집단 세대, 한 부모 가족이나 공동 거주 등 주민 구조가 다양하다.

식당과 상점, 갤러리, 작업실, 규모가 큰 (목조 건물의) 학교가 있다. 또 넓은 도심 원예 구역도 있다. 그러한 건축 형태에서는 개인화된 사회의 새로운 상호 관계가 시도된다.

팬데믹 시대라고 해서 아무도 혼자서 외롭게 지낼 필요가 없다. 토지는 공동으로 싸게 매입되었기 때문에 월세가 저렴하다. 그리고 세를 얻거나 세를 줄 수 있다.

시카고의 아쿠아 타워: 수직의 동네

도시의 촌락화

수십 년 전부터 곳곳의 시골 사람들을 불러들이는 "도시 흡인"은 무엇 때문에 발생할까? 시골이나 소도시라는 자신의 터전이 너무 비좁다고 생각하는 사람은 교육받은 계층이나 젊은 여성들이었다.

그들은 모든 것을 무제한으로 연구할 수 있는 대도시로, 사람으로 들끓는 도시로 몰려들었다. 공동 거주지로, 다양한 구역으로 몰렸다.

다른 사람들은 급여 조건이 나은 일자리를 찾아 거주지를 바꿨다. 젊은이들을 대도시로 불러들이는 것은 언제나 다양성과 경험의 강도, 사회적 밀도를 통한 자기 발견의 기회였다.

코로나 이후에는 대도시를 지지하는 이런 주장이 모두 설득력이 약한 것으로 드러났다. 노동 구역이 모바일과 가상공간으로 확대되면서 많은 일거리가 현장 위치라는 건에서 자유로워졌다.

혹은 "밖에서" 살면서 도시에서 일할 수도 있고 그 반대도 가능하다. 공동체와 자연에 대한 동경이 다시 도시민들을 시골로 몰아내고 있다. 사람들은 비좁고 과밀한 콘크리트 환경에서 도시 봉쇄라는 경험을 다시 하고 싶지 않은 것이다.

물론 지금 모두가 시골로 옮겨가 도시가 황폐해지는 것은 아니다. 그러나 오래전부터 기대되던 도시-시골-역동성의 새로운 주기가 시작된 것은 사실이다.

- 1800~1840: 최초의 산업화, 낭만주의 – 저 밖의 시골로
- 1870~1910: 대도시 붐 – 대도시로 향하는 행렬
- 1960~1990: 도시의 위기 – 시골로 나가자
- 1990~2020: 대도시 붐을 탄 도시들은 더 문화적이고 더 다양하며 더 창의적으로 변하고 있다

이제 도시는 혼합되고 조밀한 새로운 생존 형태 속에서 "촌락화"하고 있다. 키체, 그레츨(오스트리아)에서는 지역별로 지구별로 이웃으로 압축되고 있다. 복층식 주거방식에서 이웃이 형성되고 갈수록 늘어나는 이런 건축물이 의도적으로 세워진다.

공동 작업, 공동 원예, 공동 생활 프로젝트는 활동과 일상생활, 소득, 만족이 다시 맞물리고 서로 연결된 삶의 "촌락화"가 아니고 무엇이겠는가?

진보적 지방

동시에 시골의 도시화라는 새로운 물결이 일고 있다. 이탈리아의 건축가인 안드레아 브란치Andrea Branzi는 전자식 소통의 조건에 따라 변화된 시골 공간을 "아그로니카Agronica"라고 불렀다.

기술 관료가 지배하던 과거의 신화와 다시 연결된 아주 기술적인 개념이다. ("모두가 터보 인터넷을 가지고 있다면 만사 오케이다.")

인터넷은 연결 문제를 해결하지만, 관계의 문제를 해결하지는 못 한다. 다만 변두리에 살아도 전자식 접속의 특징으로 인해, 변두리에 머무는 것은 아니다.

격리된 공간이라는 조건에서도 중심에 접근할 수 있는 것이다. 아니면 자기 나름대로 격리된 삶을 만끽할 수 있다.

과거의 마을이나 소도시가 콘크리트 일색의 공업 단지를 통해 도시 세계와 연결되려고 시도했다면, 이제는 부정적인 산업화의 단계를 뛰어넘는다. 그들은 "삶의 질 중심 단지LQ-Regionen"로 합류하고 있다.

이때 보통 도시에서만 주어지던 모든 것이 이제는 시골 지역에서도 제공된다. 디자인과 문화, 예술뿐 아니라 귀족의 요리법 같은 것이 산골 오지에서도 꽃피고 발전할 수 있다.

인프라 시설이 잘 갖춰진 중간 규모 소도시의 경우, 미래 지향적인 시장만 선출한다면, 이런 환경에서 성공할 수 있다.

대부분 이런 소도시의 황폐한 환경에 시민 공동체의 "새 공동체주의Kommunalismus"가 들어서고 있다.

축구 협회나 농촌 시민사회에서 구성되는 의용 소방대만 보이던 것은 이미 옛날 일이다. 요가 단체나 활공 연맹, 미식가 협회, 기술 기업인 클럽이 오래전에 등장했다.

더 이상 세상과 변화에 대해 불만을 품지 않는 미래 지향적 마을 공동체의 비전이 새로운 20년대 들어 떠오르고 있는 것이다.

스마트한 통합의 방식으로 세계를 향하는 개방적인 마을들이 번영하기를!

□ **TOPIC 10**

여성화된 반란

새로운 "젠더 전쟁"

2020년 코로나의 해에 사회적으로 여성평등 운동이 새로운 전기를 맞았다는 인상은 잘못된 것인가? 언뜻 보면 모든 것이 옛날 그대로다.

이 사회에 참석하는 사람은 남자들이고 남자들이 정치적인 담론에서 의제를 지배한다. 경제와 정치를 규정하는 것도 남자다. 코로나 위기도 압도적으로 남자들이 해석했다.

하지만 코로나 이후에는 "여성 문제"도 생태 문제나 사회적 문제와 마찬가지로 다른 목소리를 낸다. 다가오는 현실의 목소리다.

어쩌면 이것은 세계적인 전염병 사태에서 여성 정치인이 거둔 놀라운

성과와 관계가 있는지도 모른다. 저 멀리 지구 반대편의 난쟁이 식민지라고 조롱받는 동화의 섬, 뉴질랜드를 예로 들어보자.

거기서는 카리스마 넘치는 여성 수상인 재신더 아던이 끔찍한 테러 공격과 전염병 사태 속에서도 새로운 응집력으로 나라를 이끌고 있다. 사회와 통합하며 소통하는 새로운 통치 스타일이며 여성적인 스타일이다.

대만의 차이잉원이나 덴마크의 메테 프레데릭센, 핀란드의 산나 마린, 노르웨이의 토네 빌헬름센 트로엔과 비슷하다.

어떻게 자이르 보이소나루나 블라디미르 푸틴, 도널드 트럼프, 로드리고 두테르테 같은 "새로운 독재자들"과 견줄 수 있겠는가? 특히 천문학적인 감염자와 사망자 수를 비교하면 차이가 확연하다.

간단히 말해 코로나 세계에서 중요한 두 가지 원칙은, 여성의 "보호" 원칙에 대비되는 남성의 전시 행정과 고난에 대한 배려다. 포르투갈 대통령인 혜벨루 드 소자도 2차 확산이라는 심각한 코로나 사태 이후 전면적인 장기 봉쇄를 통해 통치하고 있다.

작은 불교국가로서 "국민 총행복"의 개념을 만들어낸 부탄을 언급할 필요가 있다. 부탄은 코로나 전 기간을 통해 하루에 확진자 수가 150명을 넘긴 적이 없고 사망자는 단 한 명도 없었다.

어떻게 이런 수준에 이를 수 있었나? 정답은 개인 책임과 일상적 돌봄의 구조에 있었다.

이것은 반드시 남녀와 관련이 있는 현상은 아니었다. 부탄 정부는 4월 초, 1주 내에 100퍼센트에 가까운 전 국민이 백신 접종을 하도록 설득한 불교회의(대부분 남자로 구성된)의 자문을 받았다.

복고 페미니즘과 급진화된 남자들

하지만 최근 들어 성 문제는 정체성이나 성 전환, 젠더 유동성Gender Fluidity 등 다른 문제를 부각시키지 않는가? 성별 차이의 해결이라는 주제가 남녀 문제보다 더 흥미를 끈 지는 오래된 것으로 보인다.

우리는 접근을 꺼리는 민감한 문화 전쟁의 형태로서 화장실이나 언어 문제에 더 매달린다. 그러나 코로나 이후 페미니즘 고전주의가 다시 찾아올 것이라는 여러 가지 조짐이 보인다. 그 이후에 세계는 다르게 보일 것이다.

세계적으로 여성 해방에 대한 남성의 반격이 나타난 것은 오래전이다. 그들의 기본 방침은 푸틴이나 보이소나루식의 독재정치에 이르기까지 우익 포퓰리즘이다. 아니면 시아파나 와하비파에서 에르도안의 고전적 마초의 태도에 이르기까지, 중동의 종교적 광기를 보이는 지도자 숭배다.

남성 반격의 토대는 어느 사회에서나 존재하는 4개 사회 집단으로 구

성된다. 그러나 분포 상태나 형성 과정은 다르다.[34]

분노 패배자: 중년에서 노년에 이르기까지 삶의 궤적을 통해 정체성 위기에 빠진 일단의 남자들을 말한다. 여기서는 직업상의 내리막길도 한 몫하지만, 가령 굴욕을 안겨준 이혼도 역할을 한다. 절망감에 빠져 스토킹이나 가정 폭력, 최악의 경우 명예살인을 저지르며 구조적으로 폭력에 의존하는 남자들도 이 집단에 속한다.

비자발적 독신: 성적 혹은 에로틱한 측면에서 루저라고 느끼고 "일반적으로 여성에 대한" 증오심에서 이를 보상받으려고 하기 때문에 여성 혐오를 표출하는 젊은 남자들이다. 이런 환경에서 인터넷을 통해 행해지는 수많은 사이버상의 증오 캠페인, 상스런 비난, 여성에 대한 공격이 나온다.

종교적 광신도: 고전적인 대가족이나 경건한 사회화 시스템 가정의 출신으로서 여성화된 현대사회에 엄청난 위협을 느끼는 인습적인 남자들이다. 이들 집단은 기독교나 이슬람에 존재하며 힌두교나 불교 문화권에서도 점차 늘고 있다. 때로 여성에 대한 경멸은 동성애 공포증으로 전환된다.

말 탄 사람: 몇 년 전까지만 해도 경제 분야 특히 문화생활에서 존경을 한몸에 받았던 지배적인 마초나 알파맨들이다.

여기서 미투 운동은 큰 변화를 겪었다. 이러한 공격적인 남성성 아이콘의 일부는 공개적으로 무너졌다. 다른 사람들, 가령 타블로이드판 신문의 편집장쯤 되는 사람이라면 불안정한 전략과 거래에 집착한다. 성적 저의가 깔린 권력 행사가 압력을 받는 것은 사실 역사상 최초다.

이 같은 공격적 남성성의 환경은 해체되거나 정치적으로 대개 적대시된다. 하지만 최전선에서는 여전하다.

불안한 남성성은 폭력 형태를 낳고 이것은 다시 불안한 남성성으로 회귀한다. 이들은 심지어 내적인 자기 비하에서 겉으로 강해 보이는 남자에게 매달리는 많은 여성을 향한다.

새로운 반란

우리는 새로운 반란의 시대에 직면해 있다. 세계적으로 다시 반란과 봉기가 늘고 있으며 자유 에너지와 억압 의지가 서로 부딪치는 도시의 세력 충돌도 증가하고 있다. 적지 않은 나라에서는 빠르게 완전한 독재체제로 변할 수 있는 "전제정치"가 등장했다.

"갑자기 단순한 사실 진술이 과학과 믿음 사이의 문제가 된다." 터키의 에르도안 통치에서 이주할 수밖에 없었던 민주주의 활동가 에체 테멜쿠란Ece Temelkuran이 쓴 글이다.

> 이런 이해할 수 없는 어리석음에 직면한 우리는 눈을 감고 갑자기 중세 이후 결정이 난 것처럼 보이는 싸움을 다시 시작해야 한다. 갑자기 우리는 이런 폭력적 군인들에 맞서 다수의 힘을 조직해야 한다. 하지만 동지여, 그러기 위해서는 분노 이상의 것이 필요하다. 기후 대응 반대론자들과 트럼프에게 투표한 사람들, 브렉시트에 찬성한 괴물들, 여성 혐오자들, 인종주의자들, 초조한 시장 광신자들에 대한 분노 이상의 것이 있어야 한다.
>
> _ 에체 테멜쿠란[35]

독재나 포퓰리즘 정권에 맞선 봉기에서 여성은 완전히 새롭고 지배적인 역할을 한다. 예컨대 68운동 세대와는 달리, 운동의 핵심은 여성이다. 특히 두드러진 곳이 현대적이고 해방된 여성 세대가 폭력적인 장로 정치 정당 기구에 맞서는 벨라루스다.

여성들이 아웅 산 수지를 통해, 이미 군사독재에 대한 다른 봉기와는 전혀 다른 역할을 맡는 미얀마와 비슷하다. 혹은 여성이 피압박 순위의 선두를 차지하는 터키의 경우와 같다고 할 수 있다.

터키에는 에르도안 정권 이전의 자유롭던 시절에 광범위한 여성해방과 자율의 발전을 체험한 거대한 여성계층이 있기 때문에 자신들이 무엇을 잃고 있는지를 이제는 안다. 폴란드나 헝가리, 태국도 마찬가지다. 이곳에서는 수십 년 동안 자유와 권리를 행사할 수 있었던 여성 세대가 반동적 포퓰리즘과 부딪치고 있다.

"흑인 목숨도 소중하다Black Lives Matter"는 많은 곳에서 어머니들의 운동이다. 새로운 환경운동에서도 상황은 비슷하다. "미래를 위한 금요일Fridays for Future"은 전반적으로 여성이 지배하고 있다.

여성들은 갈수록 뙤약볕도 아랑곳하지 않고 사회운동과 생태운동에 참여하고 있다. 이들은 난민 구조선의 선장 같은 존재다.

또 인터넷에서 번지는 증오라는 전염병이나 거짓말 캠페인, 협박의 표적이기도 하다. 성 갈등은 정치적으로 다시 한 번 뜨겁게 타오르고 있다.

새 여성 행동가들과 독재정권의 "충돌"은 어떻게 될 것인가? 러시아나 홍콩, 미얀마 같은 곳에서 일어나는 사건은 권위주의 정권이 새로운 것을 배웠다는 것을 보여준다. 그들은 문화의 힘이나 자유와 아름다움에 대한 정서적 동경을 알고 있다.

"무지개 혁명" 앞에서 블라디미르 푸틴이나 그의 측근들이 품는 두려움에는 나름대로 정당한 근거가 있다. 그 때문에 그들은 반란의 싹을 조기에 잔인하게 진압하는 데 전력을 기울인다. 또 그런 목적을 위해 사회 전체를 파괴할 준비도 되어 있다.

하지만 우리는 여성화가 내부적으로도 작동하리라는 희망을 가질 수 있다. 여성은 대립적인 폭력에 쉽게 휘말리지 않는다.

남자들이 내전 시나리오에 쉽게 얽혀드는 반면, 정치적 여성 활동가들은 존재를 통한 변화의 수단을 사용한다. 이 때문에 그들은 권력이 오로지 다음 폭정으로 대체되는 데 그치는 쿠데타에 관심이 적다.

어쩌면 우리는 미래의 시점에 다음과 같이 생각할지도 모른다.

목숨이 붙어 있는 독재자들이 역사의 바람에 날려갈 때까지 잠시 훼방을 놓는 데 그쳤다면, 여성 봉기는 오랫동안 승리를 거두어 왔다. 이것은 아마 처음이 아닐 것이다!

청색혁명

화석연료 탈출을 향한 변화의 돌파구

코로나 위기에서 가장 놀라운 성과가 있다면, 그로 인해 우리가 생태적 전환에 성큼 다가섰다는 것이다.

물론 아직도 반 생태적인 혐오 논란이나 생태학에 대한 악의적인 적대감, 산업사회의 반동적 불만이 남아 있기는 하다.

그러나 생태학의 밈은 팬데믹을 거치는 동안 은연중에 변화되었다.

탈 화석연료의 변화는 갑자기 새 출발의 색깔을 보이고 있다.

그리고 이 색깔이 청색이다.

청색 출발

정계나 기업을 포함해 사회 전체가 지구 온난화 문제를 지금처럼 심각하게 인식한 적은 한 번도 없었다. 이제까지 그토록 많은 경영자나 사회 지도층, 기업과 각 기관, 정부, 정치인이 지금처럼 뚜렷한 이산화탄소 감축 목표를 세운 적은 없었다.

탈 화석연료 세계를 위해 그렇게 많은 약속이 나온 적도 없었다. 몇 가지 예만 들어보자.

- 미국은 트럼프의 모험 이후 이산화탄소 감축을 위해 새로운 개척자 역할을 떠맡았다. 갑자기 미국의 신문과 잡지는 생태계 변화에 대한 "도전" 열기로 가득 차 있다.
- 다수의 대형 금융기관들은 고객의 압력에 견디다 못해 화석연료와 등지는 방향으로 급격하게 포트폴리오를 바꾸고 있다.
- 스티브 잡스 체제에서는 자사 제품의 생태적 측면을 전혀 고려하지 않던 애플사는 2030년을 "탄소 제품이 없는" 해로, 2040년을 "탄소 포지티브 경영"의 해로 (이 말은 기기 제조뿐만 아니라 경영 방식도 기후 중립적이어야 한다는 의미다.) 선언했다.
- 중국은 세계에서 가장 야심찬 지속적 에너지 프로그램을 수립했다. 그리고 2020년에만 지난 20년간 독일이 세운 (석탄 발전소는 여

전히 가동은 되지만, 갈수록 줄어들고 있다.) 규모에 해당할 정도로 많은 풍력 에너지 시설을 건설했다.

- 자동차 분야에서는 온갖 교묘하고 잔인한 수단으로 방해하던 전기 모빌리티를 장려하고 있다. 몇몇 자동차 회사는 2030년이나 2035년까지를 목표로, 독자적으로 내연기관의 종식을 예고했다. 그리고 갑자기 전기 자동차가 강하고 아름답고 매력적으로 보인다.

- 산업협회는 갑자기 이산화탄소에 대한 국가의 더 엄격한 기준을 요구하고 있다.

- 항공산업은 앞으로 수년간은 지금까지의 역동적인 성과를 올리지 못할 것이며, 등유 외에 새로운 연료의 필요가 절실하다는 점을 토로하고 있다.

- 독일 최대의 할인 체인점인 알디는 값싼 쇠고기 판매를 중단할 것이라고 예고했다.

- 독일인의 절대 다수는 아우토반의 속도를 시속 130킬로미터로 제한하는 것에 찬성한다. 독일인의 광적인 자동차 열기를 조금이라도 아는 사람이라면 혁명이 임박했다는 것을 알 것이다!

영원한 냉소가들은 이번에도 이 정도로는 만족하지 못할 것이며 모두가 그린워싱greenwashing(친환경으로 포장한 과대 광고, 옮긴이)에 지나지 않는다고 볼 것이다. 그러나 "우리는 기후 변화의 전환점에 있으며 환경 논쟁은 화석연료 경제 방식에 작별을 고하는 대형 프로젝트의 결승선에 도달했다."라는 앨 고어의 말은 백번 옳은 지적이다.

나는 녹색에서 청색 생태학으로 전환된 변화를 코로나 위기에서 생태학이 경험한 **의미 변화**Semantic Shift 라고 부른다. 위기의 와중에 갑자기 숲과 지평선, 야생에 대한 열렬한 동경이 등장했다.

이끼와 별에 대한 극심한 굶주림도 나타났다. 동시에 많은 사람의 머릿속에는, 산업화시대의 화석연료 방식과 다르게 바쁘게 사는 우리를 실제로 방해할 것은 없다는 인식이 생겼다.

우리는 한동안 바로 그렇게 했기 때문이다. 또한 베네치아 운하의 물도 다시 파란색으로 돌아왔다.

청색은 지구행성의 상징이다. 대기도 그렇고 희망도 파란색이다.

기술과 자연, 인간이 그 빛깔 속에서 새로운 합의에 도달할 수 있는 세계의 비전이기도 하다. 그렇다고 이 합의가 반드시 우리가 다시 "자연에 따라" 산다는 것을 의미할 필요는 없다. 자연 속에서 자연과 더불어 살면 되는 것이다. 새로운 관계 속에서.

이렇게 새로운 계약을 이해하려면 우리는 먼저, 생태계를 너무 억누르고 막아버리는 바람에 많은 사람이 더 나은 미래에 대한 희망을 잃어버리게 만든 심리적인 망설임을 다시 한 번 주목해야 한다.

생태계의 조종자들

지난 수십 년간의 "녹색 담론"에서는 뭔가 어긋난 것이 있었다. 환경운동이 큰 성공을 거두었는데도 불구하고 그랬다. 어쩌면 바로 그 때문인지도 모른다. 이런 흐름에서 부정적인 자기 만족적 예언이 나타났다. 이를테면, 마음속으로는 동경하면서도 무의식적으로는 계속 방해하는 애정관계와 비슷했다. "될 리가 없어!"라는 심리적인 프로그램을 설정하듯이.

이것이 우리가 극복해야 하는 4대 생태적 횡설수설 혹은 녹색 혼란 조장이다.

- 100퍼센트주의
- 자연의 신성화
- 세계 구제 마니아
- 체념의 오류

100퍼센트주의

지난 수십 년간 많은 신문과 잡지에는 한 사람, 혹은 한 가족 전체가 생태적으로 완벽한 삶을 시도하는 놀랍도록 모순된 이야기들이 등장했다.

무엇보다 재미있는 것은 화장실의 휴지를 포기한다거나 살림에 비닐을 사용치 않아 곧 나방이 집 안에 들어와 산다는 등의 이야기다.

그러나 비닐 봉지와 종이 봉지 중 어떤 것이 "더 친환경적"인지 가려내는 데는 엄청난 조사 비용이 들었다.

무엇이 완벽하게 "지속 가능한 삶"일까? 쓰레기를 만들지 않는, 100퍼센트 흔적을 남기지 않는 삶인가?

그것은 무균 생활이니 전혀 삶이라고 할 수 없을 것이다. 삶의 기본 구조는 순환과 영향의 교차 과정이지 쓰레기가 없는 것이 아니다.

"요람에서 요람으로Cradle-to-Cradle" 운동의 대변자라고 할 미하엘 브라운가르트Michael Braungart는 생태적 흔적의 비유를 잘못된 방법으로 우리에게 압력을 가하는 테러 이미지로 생각한다. 또 우리가 끊임없이 동원하는 "세 개의 지구"란 비유도 전혀 생산적이지 못하다. 그런 이미지는 자기 비하를 일으켜 반항과 부인을 유발할 뿐이다. 그것은 원죄의 형상을 하고 직접 우리의 잠재의식으로 스며들기 때문이다. 그 이미지는 우리의 존재와 싸우며 우리를 불필요한 존재로 만든다.

자연의 신성화

우리는 모두 책임을 느낀다. 우리가 너무도 많은 소비를 하는 것에 책임이 있고 우리 것이 아닌 것을 자연에서 취하는 것에 책임이 있고 너무도 탐욕스럽고 이기적이며 자연을 파괴하는 것에 책임이 있고 존재하는 것 자체에 책임이 있다는 식이다.

어떤 대가를 치르더라도 "방해"해서는 안 될 신성한 조화로 자연을 이해하는 것이다. 이런 생각은 종교적-낭만적 자연관과 관계가 있다.

아담과 이브는 "늑대와 양이 나란히 누워 지내는" 낙원에 살았다는 것이다. 자연을 신성한 조화로 생각하는 것은 자연의 속성이 갖는 현실과는 아무 관계가 없다.

모든 자동차 카탈로그나 소시지 광고에서 그럴듯하게 묘사되기는 하지만, 자연은 조화롭지 않다. 또 잔인하지도 않다. 그것은 우리가 인간의 척도로 "자연"을 향해 투사한 이미지일 뿐이다.

우리는 지구에 흔적을 남겨도 되는가?

책임은 건설적 행동의 경향을 보이지 못하는 우리의 감정 상태에 있다. 책임 문제가 불거지면 우리는 스스로를 부정하고 남에게 전가하기를 좋아한다. 이것은 지속적으로 생태 논쟁을 지배하는 심각한 분위기로 이어진다. 그리고 지금까지 생태계의 미래에 어둠을 드리우는 부정적인 효과를 낳았다.

사람들이 기본적으로 당면한 문제는 환경오염이 아니라 설계의 문제다. 상품이나 도구, 가구, 주택, 공장, 도시를 처음부터 더 스마트하게 만든다면, 낭비니 오염이니 부족이니 하는 것들은 걱정할 필요가 없을 것이다. 훌륭한 설계는 과잉이나 영구적인 재사용, 만족에 대비하는 것이다.

_미하엘 브라운가르트[36], 스마트한 낭비

세계 구제 마니아

당신은 수년 전부터 우리를 매혹시키는 자연풍경 사진이 어디서 나온 건지 궁금증을 느낀 적이 있었는가? 와이드 스크린 형식의 숨 막힐 듯 아름다운 영상 말이다.

소파에 앉아 놀라운 그림을 감상해보라. "지구"나 "디프 블루", "테라 1과 2", 데이비드 애튼버러David Attenborough 의 놀라운 동물왕국의 탐험 등

등. 거대한 코끼리나 고래 떼, 드넓은 수평선까지 상상할 수 없는 아름다움을 좇는 카메라 추적. 만일 지구가 오래전에 망가지고 약탈당하고 전복되고 엉망진창이 되어 플라스틱 쓰레기에 뒤덮여 있다면, 어떻게 그토록 멋진 풍경을 촬영할 수 있었겠는가?

이 놀라운 세계가 스튜디오에서 조작한 것이란 말인가? 잘 알려져 있다시피, "절대 일어난 적이 없는" 달 착륙처럼…?

아름다운 자연풍경은 우리의 미래에 본질적인 것이 경외감이라는 느낌을 불러일으킨다. 경외감은 소속감과 경이로움의 체험이다. 미디어 담론에서는 이런 이미지가 대부분 종말론적으로 소개된다.

지극히 아름다운 자연풍경이 우리 눈앞에 펼쳐지는 동안, 어두운 배경 음악이 흐르는 가운데 내레이터의 목소리가 들린다.

"이 모든 것은 더 이상 존재하지 않을 것입니다!"

이와 긴밀하게 맞물린 것이 세계 구제라는 발상이다. 전에는 이교도나 공산주의로부터 세계를 구했다면, 오늘날은 우리의 슈퍼 영웅들이 자연 구제에 나서고 있다. 명예로운 일이기는 하지만, 그 역시 문제가 있는 흔적을 남긴다.

세계 구원은 망상에 사로잡히기 쉽다. 그것은 아주 고차원적인 해석 요구를 유발하며 급기야는 기력을 소진하고 과도한 요구를 하는 한심한 영웅주의로 흐르는 경향이 있다. 그레타 툰베리는 한동안 이런 어두운 현실에서 세계 구원을 이끌었다. 그러나 툰베리도 그런 목적을 관철하지는 못할 것이다.

독재자나 테러리스트도 일찍이 세계 구제라는 모티브를 이용해왔다. 세계 멸망을 해석할 권한을 가진 자가 모든 것에 대한 권한을 갖기 마련이다.

그렇다면 본디 세계는 구원받아야 하는가? 나는 "자연"이 인간의 영향으로 망가질 수 있다는 발상을 청소년 시절, 로마클럽의 〈성장의 한계〉가 발표될 때부터 알고 있다.

그때 이후로 시곗바늘은 점점 12시에 가까워지고 있으며 점점 더 긴박해지는 가운데 몰락은 갈수록 위협적으로 변하고 있다.

어두운 표정으로 경고하는 사람들이 언젠가 12시의 반대편에 다시 나타난다 해도 이상하지 않을 것이다. 아무도 눈치채지 못해도 세상은 종말이 온 것이다.

체념의 오류

생태계의 미래를 둘러싼 논쟁을 듣고 있노라면, 여전히 해묵은 소리들을 하고 있다. 비행기와 자동차를 이렇게 많이 타고 다니면 안 된다는 것이다. 자원 절약을 해야 한다는 것이다. 단독주택은 문제가 많다. 불을 꺼라! 수돗물을 잠가라. 우리는 과소비를 하고 있다!

그렇다면 도대체 무엇이 "소비"인가? 열역학 법칙에 따르면, 생명의 기반은 에너지와 물질 두 가지다. 이 두 가지는 인류 조상의 생활 현장에서 항상 모자랐다.

땔나무는 겨울이 가기 전에 동이 났고 매머드가 죽으면 곧장 먹어치웠다. 인간의 삶은 수백만 년 동안 궁핍 속에서 살아남는 과정이었다.

산업화와 화석연료를 기반으로 한 생존 방식이 지구 곳곳에 퍼져 궁핍을 면할 때까지 그랬다. 하지만 앞으로는 모든 것이 달라질 것이다.

에너지: 원자력이나 핵융합 발전 같은 고농축 에너지가 없어도, "태양"이라 불리는 거대한 융합 발전소 부근에 있는 지구는 거의 무한대의 에너지 원이다. 지구에서 매일 나오는 에너지는 어떤 문명을 막론하고 "소비"할 수 있는 양의 수백만 배에 이른다.

화석연료 이후의 에너지는 전기다. 전자는 근본적으로 무한대로 전환이 가능하다. 오늘날 세계에 전기를 공급하는 데는 어느 정도의 면적이 필요할까? 약 400×400킬로미터 크기의 정사각형만 있으면 된다. 그 정도는 사하라 사막에서 쉽게 조달할 것이다. 물론 거기서 세계 나머지 지역으로 전기를 옮긴다는 것은 지극히 어리석은 생각이다.

왜 그것을 지붕에서(지금까지 태양열 판이 없었던) 99퍼센트 조달할 생각을 못하는가?

물질: 로마클럽의 계산 방식에서 원자재의 한도는 늘 고정된 규모로 평가된다. 거기서는 계속 "증가하는 인구"와 "갈수록 부족해지는 자원"이 대비되었다. "그에 따라" 치명적인 부족이 발생한다는 1차 방정식이 나왔다. 모든 천연자원을 소비하고 나면, 우리 모두는 죽는다는 것이다.

그러나 이런 계산은 결코 통한 적이 없다. 그것은 역동적인 현실과 아무런 관계가 없기 때문이다. 이제 예측가들은 지구 인구가 완만하게 증가한다는 전제에서 출발한다. 그래서 아주 미미한 규모의 원료만이 전반적인 부족을 겪게 되었다.

원료 소비는 국민총생산과 분리되거나 새로운 공급처가 발견되었다. 혹은 다른 (대체) 소재를 발견하거나 갑자기 재활용이라는 지혜를 발휘했다.

또 예를 들어 인슐린을 생산하기 위해 수백만 마리의 소와 돼지를 죽이지 않아도 되는 (전에는 이들의 췌장에서 나온 인슐린을 사용했다.) 새로운 분자 처리 기술이 넘쳐나고 있다. 이제는 인공으로 인슐린을 **합성**한다.

생태학의 레그노스

그러므로 우리는 미래의 관점에서 생태계의 전개 양상을 바라볼 필요가 있다. 우리에게는 넘쳐나는 태양 에너지가 있다. 또 인류는 파도와 물, 바람, 바이오매스, 지열에서 에너지를 얻을 수 있고 오늘날은 미처 개발되지 않은 천연 에너지원을 이용할 수도 있다. (강어귀의 염수와 담수 에너지 차를 이용하면 어떨까? 그것으로 에너지를 만들 수도 있잖은가?)

가스와 고체 소재 및 기계식 에너지 저장 방식으로 전환한다면, 오늘날 산업화된 농업이 제공하는 칼로리 규모에서 보듯, 에너지 공급이 충분할 것이다.

요즘에는 "분자 구성 키트Molekularbaukasten"라는 것이 있는데, 여기서는 점점 더 많은 분자의 변형이 발생하고 우리는 그중에 선택할 수가 있다. 갈수록 많은 분자가 분류되면서 원하는 양만큼 "가공"할 수도 있다. 이런 식으로 우리의 공정사슬Prozessketten을 서서히 자연 상태에서 분리하게 될 것이다.

특별히 눈에 띄는 것은 없는가? 풍요의 수준에 다다른 지는 오래되었다. 차세대 전기 자동차는 코발트가 전혀 혹은 거의 필요하지 않다.

요즘 연구 프로젝트에는 심지어 리튬 없이도 만들 수 있는 배터리가 있다. 리튬 재활용은 이미 대량 테스트에 들어갔다.

오늘날 섬유는 면화뿐만 아니라 목재 잔존물에서도 만들 수 있다. 다른 소재로 대체할 수 있는 소재가 갈수록 늘어나고 있다.

내가 주로 입고 다니는 청바지도 재활용 소재다. 낡은 청바지가 50퍼센트 이상 들어간 환경 친화적 제품이다. 또 요즘 이케아도 소파 커버를 낡은 청바지 소재로 만든다. 앞으로 수년간 재활용 비율은 계속 올라갈 것이다.

미래의 순환 경제에서 쓰레기는 없고 대신 에너지 및 물질 순환 시스템에 따른 공급만 있을 것이다. 그런 시스템에서 소비는 거의 없고 계속 변화만 발생한다. 하나가 다른 것으로 변하면, 늘 뭔가 새로운 것이 탄생한다.

하향 재활용 대신 상향 재활용이며 분열이 아니라 통합이다. 소비 대신 재조합이다. 자연의 작동 방식과 전혀 다를 것이 없다.

우리가 시각을 바꾸기만 하면 세계를 변화시킬 수 있다. 가능성의 시각에서, 해결의 시각에서, 확대의 시각에서 삶의 질을 높이는 것이다. 매혹적인 혁신으로, 스마트하고 우아한 시스템 속에서.

창조적인 아름다움으로.

바로 그것이 자연이다. 자연은 끊임없는 가능성의 산물이다. 자연은 풍요지 결핍이 아니다.

"스마트한 해결책"으로 만들어지는 그지없는 충만이다.

이것이 청색 생태학이다: 기술과 스마트한 시스템과 확장된 가능성의 조합 말이다. 자연은 우리를 늘 결핍에 시달리게 만든 낡고 퇴행적인 생태학의 개념을 바꿔놓는다.

이와 더불어 성장의 개념도 완전히 달라진다. 낡은 산업시대의 성장 모델을 제한적인 수축 모델로 대체할 필요도 없다.

이제는 성장 방식이 변할 수 있으니 말이다. 그것은 자연의 가변성과 소통의 이득에서 나오는 것으로 우리가 늘 바라는 것이다.

우리는 점점 더 부유해질 것이다. 방식만 다를 뿐이다!

휴식하는 여행자

다른 방식의 여행에 대한 생각

여행은 현실과의 만남에서 엄청나게 중요한 형식이다. 그리고 거기에는 늘 두 가지 형식이 있었다. 하나는 여가 시간으로, 소비 형태로 경험하는 "산업적"인 형태의 여행, 또 하나는 지평을 넓히고 자신과 세계를 체험하는 수단으로서의 여행이다.

이 두 가지 여행은 대략 10대 1의 비율로 존재한다. 관광객 10명에 1명꼴로 진정한 여행자가 있는 셈이다. 코로나 이후에는 여기에 어떤 변화가 생길까?

내 세대는 – 베이비부머 – 어릴 때, 무엇보다 자기 발견이나 세계 체험으로 여행을 했다. 우리는 인디언 트레일을 걷거나 18세기 낭만파처럼 진정한 것에 대한 동경의 대상으로서 남유럽의 시골을 발견했다.

우리는 덜컹거리는 고물차를 몰고 (시트로엥 2CV라면 말 다했지!) 이탈리아로, 스페인으로, 프랑스로, 포르투갈로 향해 가며, 다른 하늘 아래서 아직도 고기잡이를 하거나 자급자족으로 살아가는 사람들을 체험하려고 했다. 우리에게 부족한 내면의 평안을 찾으려고 했다.

부모 세대는 우아한 바둑무늬 양산을 쓰고 리미니로 갔다.

그 이후로 관광은 거대한 세계적 경제가 되었고 강력한 기계가 되었다. 문제는 무엇보다 그 다음에 산업화된 여가 선용의 논리가 진정성 추구와 뒤섞였을 때 불거졌다. 수십 만 명이나 되는 대규모 관광객이 믿을 만한 인스타그램 사진을 찍고 싶어할 때, 광기는 시작되었다.

자연 속 오두막 체류가 대대적인 "체험"이 되었을 때 그랬다. 스스로 미쳐버린 이런 시스템을 막을 수 있을까?

의사까지 즐길 수 있던 시대

오스트리아의 사진작가 로이스 헤헨블라이크너Lois Hechenblaikner가 찍은 다음 사진을 보라.

코로나 이전에 티롤의 휴양지 이쉬글에서 찍은 사진이다.

이쉬글. 의사가 합류할 때까지, 축하 파티. 사진: 로이스 헤헨블라이크너

전염병은 여기서 유럽 전역으로 퍼져나갔다. 흥겹게 파티를 벌이는 일단의 의사들이 보인다. 구호는 "우리는 의사가 합류할 때까지 파티를 즐긴다"이다.

이 사진을 보고 어떤 느낌이 드는가? 내 짐작대로라면, 아마 코로나 이전이라면 그저 조금 재미있는 정도로 보았을 것이다.

코로나 이후(또는 유행 중)라면, 이 사진이 눈에 거슬렸을 것이다. 도발적이거나 역겨운 느낌일 수도 있다. 코로나 같은 사건은 인식의 맥락을 바꾸기 때문이다. 모두가 그렇지는 않아도 대부분 그럴 것이다.

다만 세계 감각을 가진 사람이라면 누구나 그런 느낌을 받을 것이다. 세계 종말에 대한 온갖 징후에도 불구하고 많은 사람이 그럴 것이다.

관광은 변두리 지역의 형태를 바꾸고 파헤치기까지 한다. 사회적으로, 정신적으로 또 물질적으로도 그렇다. 그리고 끔찍한 자체의 역동성을 갖추며 부를 창출한다.

예를 들면 파츠나운탈에 있는 이쉬글 지역이 그렇다. 이곳에 사는 약 100가구의 농가와 수공예 가정은 50년 이상 세계적인 관광 열기를 타고 번성했을 뿐 아니라 부유해지기까지 했다.

이들은 전에는 생존에 별로 적합하지 않던 불모의 산악 지대에 살면서 도시민들의 과도한 휴가 욕구에 따라 부를 창출했다.

이로 인해 호텔업과 요식업계에 명문가가 탄생했다. 부모와 조부모의 부는 더 많은 주점과 더 벌이가 좋은 레스토랑, 더 가파른 케이블카를 위한 투자 자본이 되었다.

투자는 점점 더 높은 산 위로, 최정상의 빙하 지대로 올라갔고 여기서 1996년에 티나 터너의 콘서트가 열리기까지 했다.

코로나가 터졌을 때, "블라우에 라구네" 건물을 막 짓기 시작했다. 2,000미터 고지대에서 인공으로 세운 남태평양 풍경을 바라보는 시설이었다. 펭귄도 있다고 했다.

그 모든 것은 어떤 결과로 이어질 것인가? 사람들은 코로나가 닥치기 전에 이런 의문을 가졌다.

베네치아 사례

"벨리시마", 최고 아름다운 도시 베네치아는 1,000년이 넘도록 번영과 부를 누려왔다. 도시는 비극과 발명, 위기를 거치며 갈수록 더 아름다워졌다. 그것은 이제 이 도시의 운명이 되었다.

베네치아는 코로나 이전에 이중의 위기를 견뎌내야 했다. 우선 수요가 넘치는 관광이 문제였다. 특히 거대한 유람선에서 쏟아져 나오는 엄청난 수의 일일 관광객 때문에 몸살을 앓았다.

일행과 함께 오는 중국의 신혼부부, 한국의 단체 관광객, 억센 텍사스 악센트에 카우보이 모자를 쓴 미국인 등등. 동시에 이 수상 도시는 지구 온난화에 시달렸다.

코로나가 발생하기 반년 전인 2019년에는 한 해에 무려 3,000만 명이나 다녀가는 최고 기록을 세웠다.

이런 상황에서 코로나는 하늘에서 보내는 신호 같았다.

2020년 4월에서 2020년 가을 사이에 산마르코 광장을 가본 사람이라면 도시가 완전히 변한 것을 보았을 것이다. 마치 시간의 거품 속에서 얼어붙은 듯, 텅 빈 도시에는 비둘기 대신 갈매기가 늘어났고 사람들은 다시 이야기꽃을 피웠다. 하늘의 항공 노선은 보기 드문 조그만 흰색 표시처럼 지난 시절의 이국적인 암호가 되었고 산마르코 광장 뒤로 우뚝 솟은 거대한 호화 유람선도 보이지 않았다.

그리고 뭔가 기이한 일이 일어났다. 주민들이 다시 상호관계를 맺기 시작한 것이다.[37]

약 5만에 이르는 시민들은 여전히 베네치아에 상주한다. 관광 성수기가 되면 많은 사람은 집을 세놓고 수개월씩 도시를 떠나 본토에 사는 친척집으로 간다.

행정구역상, 베네치아는 본토에 있는 인구 20만의 메스트레 시에 속한다. 관광을 둘러싼 표결에서 시민들은 한 번도 관광객 억제를 관철할 수 없었다. 수익성이 너무 좋았기 때문이다.

그러다가 코로나가 갑자기 주민 지위를 유지하려는 주민들의 의지에, 그리고 스스로 진지하게 재인식하려는 도시에 분열을 일으켰다.

시민 주도의 운동은 관광객이나 생태계를 둘러싼 베네치아의 위기 이전에도 있었다. 다만 이번에는 운동의 강도가 강력했다. 2020년 여름 텅 빈 도시에서 대규모 시위가 있었다. 2021년 2월, 이탈리아 정부는 대형 유람선이 산마르코 광장에 정박하지 못한다는 결정을 내렸다.

그 이후로 정책은 계속 오락가락하는 실정이다. 물론 주민 일부는 과거의 정상으로 복귀하는 것을 지지한다. 그러나 위기의 본질은, 표면상의 정상이 비정상을 만든다는 것이다.

이탈리아의 건축가이자 엔지니어인 카를로 라티Carlo Ratti는 베네치아 관광의 미래를 위해 흥미로운 제안을 했다. **휴식하는 여행자**Viaggiatori passati라는 아이디어였다. 이것은 그 도시를 사랑하면서도 도시에 "휴식기"를 주고 싶은 사람들에게 보내는 제안이었다. 몇 주씩 저렴한 가격에 베네치아에 살면서 주민들과 교류할 수도 있다는 것이다.

암스테르담과 바르셀로나는 이미 팬데믹 이전부터 관련 규정을 제정했다. 프라하와 부다페스트, 빈은 위기의 와중에 제정했고 베네치아와 피렌체는 제한 조치를 시행하고 있다.

각 도시는 처음으로 관광객의 홍수로부터 스스로를 지키고 있다.

2021 베네치아 비엔날레는 레그노스의 형태로 개최되었는데, 이것은 아마 우연이 아닐 것이다. 미래로부터 우리에게 다가오는 건축 페스티벌이라고 할 수 있다.

지금은 2038년이다. 2020년대 말에 있었던 "대 붕괴" 이후, 족히 10년은 흐른 시점이다.

2038년 현재, 우리는 대대적인 위기를 극복했다. 힘들었지만 어떻게든 해냈다. 2020년대 전 세계의 경제적, 생태적 재앙은 사람과 국가, 기관,

기업을 하나로 만들었다. 그들은 공동으로 기본권을 약속하고 분산된 지역 구조에 개인적인 삶의 방식을 유지할 공간을 부여하는 보편적인 기반의 자립 시스템을 구축했다.[38]

우리는 성숙한 문명으로서 다시 냉정해질 수 있을까?

귀환 시간 여행은 영화 『뉴 세레니티The New Serenity』와 더불어 시작된다. 2038년의 두 젊은이 빌리와 빈센트는 인공지능의 동반자들과 함께 팬데믹으로 인적이 끊긴 베네치아로 돌아간다.

시간은 2021년 4월 9일, 제3차 봉쇄가 한창 실시될 때다. 두 사람은 어리둥절한 기분이다. 그들은 당시의 일상을 보고 놀란다.

윙윙거리는 인공지능 대신 사람들이 투박한 스마트폰을 사용하는 것이나 많은 사람이 너무도 불안하고 초조한 모습을 보이는 것도 그렇고 생각이 너무도 부정적이고 비생산적이다.

베네치아는 우리가 코로나 시대에 극명하게 느낄 수 있던 모든 것의 상징이다. 우리가 얼마나 물 가까이 살고 있는지, 하늘과 땅의 경계에서 인간이 얼마나 연약한지, 얼마나 과거가 우리 내면에 깊이 박혔는지, 또 우리가 얼마나 파도와 물과 바람에 얽매여 있는지 등등.

베네치아는 전쟁을 치르는 노예 공화국이었다. 민주주의의 대장간이

우리는 이 시대를 뉴 세레니티(New Serenity)라고 부른다.

자 예술의 고지였고 퇴폐적인 축제의 중심지, 해군 기술의 발상지였으며 살인과 형제 살인이 벌어지는 무대이면서 언제나 더 많은 미를 만들어내는 곳이었다.

인류의 유산이라고 할 아름다운 도시 베네치아에 뭔가 변화가 생길까?

냉소주의자는 "절대 그럴 리 없다."고 단언한다.

희망을 품는 사람은 "바라건대!"라는 말을 하고 낙관적인 사람은 "혹시 모르죠."라고 한다. 만일 내가 다시 그곳에 간다면 달라질 것이다.

신종교
세속적인 영성의 발전

왜 종교는 코로나 위기 속에서 그토록 본질과 동떨어진 역할을 했는가? 기독교 교단이 이 고난에 꿋꿋이 버텨온 것은 사실이다.

그들은 청원서를 작성하고 움츠린 모습으로 출석 예배를 올렸다. 그럼에도 불구하고 그들은 이 팬데믹 속에서 이상하게 입을 다물고 소외되었으며 말이 없었다.

제도권 종교는 수년 전부터 몹시 가혹한 시험을 겪고 있다. 도덕적 정당성을 상실한 학대 스캔들과 개혁 불능, 가톨릭에서 일고 있는 반란은 종교적인 시대 전환을 암시한다.

또 트럼프식 포퓰리즘 맥락에서 자행되는 복음주의의 광적인 역할은 기쁨의 메시지를 심각하게 손상했다. 이슬람 신앙계도 자체적으로 끝없는 분열을 거치며 불안하기는 마찬가지다.

이것은 종교계의 일면으로서 제도권 쪽의 모습이다. 또 한 측면은 종교의 인류학적, 진화론적 의미에서 유래한다.

장기적으로 볼 때, 인간은 종교Religion 없이는 살지 못한다. 아무튼 우리가 렐리기오Religio 라고 할 때 그것은, 순수한 체험 너머 있는 삶의 초월적인 차원을 의미한다. 무신론도 있을 수 있지만, 그것은 장기적으로 사람을 피곤하게 만든다. 우리 인간은 더 높은 존재와 관계를 맺지 못할 때, 근거를 상실한다.

대안은 무엇일까? 그것도 코로나가 조명해주었다. 삶의 의미로서 만족의 이데올로기인 "쾌락의 쳇바퀴hedonic treadmill"는 전례 없이 덜컹거리면서도 영혼 없는 막다른 길로 인도한다는 것을.

급진적인 밀교

당신은 룬 문자나 드루이드석 혹은 뱀신을 믿는가? 아마 믿지 않을 것이다. 혹시 힘의 장이나 마법의 장은 믿을지도 모르겠다. 어쩌면 지구 방사선이나 달의 힘, 별에 대한 해석까지도.

환생이나 점성술, 동종 요법을 믿을 확률은 상대적으로 높을 수도 있다. 이 모든 것이 말하자면, 상당한 분포도를 가진 일상의 종교다.

모든 대 위기가 그렇듯, 코로나는 의미의 진공 상태를 만들어냈다. 처음에는 온존해온 마법적인 해결책이 그 속으로 흘러들어간다. 뭔가 하늘에서 올 거라는 두려운 바람으로서 UFO의 귀환도 현재 다시 나타나고 있다.

코로나 시대를 통해 일상적인 "신앙 행태"로부터 몇몇 가지 새로운 믿음의 형식이 출현했다. 급진적인 밀교로 표현할 수 있는 것들이다.

대부분 종말론적 색채가 강한 혹은 권력 편집증을 보이는 어둠의 숭배 같은 것이었다. 가령 빌 게이츠가 우리 몸에 "칩을 심을 것"이라는 확신이다. 혹은 백신 성분에 인구 일부를 멸종시키는 불임약이 들어간다는 것을 믿는다.

많은 사람들은 또한 대마초가 코로나를 막아줄 수 있다는 식으로 전혀 해를 주지 않으면서 약물에 취한 것 같은 모습을 보인다.

세속의 종교

나는 끊임없이 "기독교의 미래"에 관한 질문을 받는다. 이에 대한 답변은 실용적일 수도 있고 복잡할 수도 있다. 실용적으로는, 신의 제물 숭배로서 그리스도 믿이라는 위대한 시대가 우리 문화권에서는 끝났다고 표현할 수 있다.

그리스도 믿은 쾌락주의나 디지털주의 혹은 자기 개선에 대한 믿음 같은 다른 서사로 인해 해체되었기 때문이다. 하지만 더 현명한 대답은, 종교의 형태와 특징이 어느 방향으로 진화될 수 있을지, 의문을 추적한다는 말이 될 것이다.

달라이 라마는 최근에 중요한 세계적 종교의 지도자로서 세상에 영성이 너무 적고 세속성이 만연한 것이 안타깝지 않느냐는 질문을 받은 적이 있었다. 그는 미소를 지으며 현대 세계에 "너무 많은 세속적인 영성"이 있다면 아주 기쁠 것이라고 말했다.

또 한 번은 끔찍할 정도의 소비만능주의와 물질주의에 책임을 돌릴 것인지 묻는 질문에, "전혀 필요하지 않은 물건이 그토록 많다는 것은 좋은 일이지요."라고 답했다.

달라이 라마의 정신은 정확하게 현대의 세속적인 영성을 특징짓는 것이다. 조금은 환생신비주의가 있기는 해도, 합리적인 정도를 넘지는 않는다. 통제와 완성의 권위로서 신으로부터의 종교적인 해방이다.

불교도는 신을 믿지 않는다(서양의 의미에서). 대신 더 높은 차원의 영적 대립을 지양한다는 의미에서 "신성한" 세계에 대한 접근성을 믿는다. 그 밖에 유머와 프라그마티즘, 독자적인 특성도 있고 상당한 수준의 냉담

함도 느껴진다.

요즘 떠오르는 세계적인 신 영성주의는 여러 방향으로 출처를 짐작할수 있다. 한편으로는 수십 년 전부터 극동의 신앙 형태에서 서구 세계로퍼진 것이 있다.

요가와 명상, 선 같은 수련의 중심에는 언제나 나를 관련짓고 자아를상대화시키는 개인심리학과 발달심리학이 있다. 정신에 평화를 주고 역설의 싸움터에서 정신을 구해낸다는 것들이다. 여기까지는 좋지만 이것으로는 충분치 않다.

미래 지향적인 삶과 존재 방식을 위해 우리 인간에게는 존엄성과 활력을 유지한 가운데 직접 고통을 견디는 방법도 필요하기 때문이다.

신 스토아철학

위기는 해결할 수 없는 비극에 대처하는 불가피성을 의미한다. 그러므로 코로나 같은 위기는 심각한 상황에서 우리를 계속 도울 수 있는 유일한 철학이라고 할 스토아철학의 훈련장이다.

미국의 철학자 윌리엄 어빈^{William B. Irvine}이 한 말이다. 그는 물질적진보와 정신적 진보를 구분한다. 지난 반세기 동안 물질적 진보는 어마어마하게 증가했지만 – 특히 서구가 두드러졌지만 비단 서구뿐만은 아니다― 세계는 정신적 진보가 미미해서 시달리고 있다.

하지만 언젠가는 내적(문화적, 정신적) 발전과 외적(물질적, 기술적) 발전 사이의 추가 다시 반대 방향으로 향할 것이다. 어빈에 따르면, 그 다음 미래는 "개인적 과정"에 속한다. 어빈은 그곳에 이르는 길이 스토아철학을 통과한다고 말한다.

스토아철학에서 문제는, 간섭받지도 않고 전혀 상관치도 않는다는 의미에서 "금욕적"인 것이 아니다. 불교와 비슷하게 중요한 것은 관조와 감정 절제. 하지만 불교에서와 달리, 논리와 합리성, 오성은 지극히 본질적이다.

고대 스토아철학의 기본 이념은 우리 인간이 자신의 바람과 요구, 교만 때문에 늘 실패한다는 것이 골자다. 현실이 우리 생각과 늘 다르고 그보다 더 벅차기 때문에 실패하는 것이 아니라는 말이다.

우리는 뭔가를 우리가 주장하는 세계의 탓으로 돌린다. 이것이 현대의 병이며 우리가 항상 실망하기 때문에 그 병은 정말 불행한 것이다.

우리가 세계 지배라는 생각과 연관 짓는 모든 비전과 유토피아, 희망은 언젠가는 사라질 것이다. 고통과 분노, 공격성, 자기 파괴 속에서 드러나는 불행은 이렇게 만들어진다. 세상이 내 뜻대로 되지 않기 때문이다.

우리는 냉소적 비관주의와 각성하는 행동주의, 순진한 낙관주의 사이에서 이리저리 흔들린다. 이런 정서적 동요는 언젠가는 우리를 삶의 궤도에서 벗어나게 만든다.

반면에 스토아철학은 "환멸에서 깨닫는 지혜의 확신enttäuschungs-kluge Zuversicht"이라고 불리는 뭔가를 제공한다. 이는 위기에 능동적으로 대처하고 거기서 배우면서 위기와 더불어 성장하는 태도를 말한다.

비효율성을 견딜 수 있으며 바로 거기서 자신의 내면적인 효과를 이끌어내는 태도이기도 하다.

미국에서는 코로나 시기에 스토아철학에 관한 수백 종의 도서가 등장했다. 그 사이에 지도자를 위한 스토아 구루나 스토아 은거라는 말도 나왔다. 이 전체는 최선을 다해 어떤 "운동"을 향하고 있다.

불교와 비슷하게 스토아철학은 단순한 철학이 아니라 실용적인 처세술의 역할까지 하고 있다.

그 중심에는 영혼의 안정이 있다. 혹은 평정심 유지라고 할 수도 있다. 말하자면 흥분하는 사회, 관심을 끌려는 사회에서 가장 부족한 것들이다.

그 핵심은 의미 있는 방법으로 세계와 만나는 것이다. 이때 세계는 세 가지 범주로 분류된다.

1. 내가 바꿀 수 없는 것
2. 내가 통제하고 바꿀 수 있는 것

3. 내가 부분적으로만 영향을 줄 수 있는 것

여기서부터 나의 자아는 세계의 복잡성을 향해 더듬어 나간다. 나는 무엇보다 불행의 핵심 근거를 피하면서 이런 범주를 끊임없이 뒤섞어서 바라본다. 우리는 모든 것을 통제하려고 하면서 끊임없이 무리한다.

우리는 모든 것에 책임을 느끼거나 (이 때문에 실패할 수밖에 없다), 아무 책임이 없다고 생각한다. (이것은 냉소적이고 이기적인 태도를 낳는다.) 우리는 바꿀 수 있는 것은 소홀히 하면서 (예컨대 우리 자신), 끊임없이 바꿀 수 없는 것을 바꾸려고 한다.

나쁜 일에 대한 생각

고전적인 스토아철학의 수련은 아침에 최악의 일을 생각하고, 하루 종일 거기서 벗어나는 것이다. 매일 체조를 하듯이 수련해야 하는 최악에 대한 예견Premeditatio Malorum에서 우리는 낙관주의-비관주의-딜레마라는 창을 휘두른다.

최악의 상황을 똑똑하게 그려보는 것이다. 암으로 죽을 수도 있다. 배우자에게 버림 받는다. 알츠하이머에 걸린다. 기르는 개가 죽는다. 아니면 반대로 개가 알츠하이머에 걸린다. 세계대전이 발발한다. 지구가 불판의 통닭처럼 뜨겁게 달구어진다 등등.

당신도 한번 시도해보라. 전혀 힘들지 않다. 어차피 수시로 하는 생각이니까. 다만 의식적으로 하면 의미가 없다. 그것은 멍청한 짓이다.

스토아철학의 창시자 중에서 아주 유명한 사람 중 한 명은 로마제국이 심각한 위기에 처했던 2세기에 통치한 철인황제 마르쿠스 아우렐리우스다.

마르쿠스 아우렐리우스는 생성과 소멸을 긍정하는 스토아철학의 관점을 발전시켰다. 죽음은 우리를 세상과 분리시키지 않고 우리를 외롭거나 방황하게 만들지 않으며, 오히려 우리는 죽음을 통해 동료 인간과 하나가 된다는 것이다.

또 우리 자신을 초월하는 더 긴 시간의 주기와 결합하게 해준다. 이런 태도는 불멸의 영혼을 주는 것이 아니라 먼 미래까지 지속되는 효과를 일으킨다. 그것은 놀랍게도 모든 것을 지금 이 자리에서 당장 "해결"해야 하는 현재의 공포를 차단하게 해준다. 죽음에 대한 두려움을 완화시켜준다.

그런 다음 **나쁜 일에 대한 생각**Meditatio Malorum 에서 우리는 자신에게 있는 은총과 현실을 긍정하는 태도로 돌아온다. 우리가 아직 죽지 않았다는 것이 놀랍지 않은가?

어쩌면 우리는 성공적인 관계를 맺고 있는지도 모른다. 다소간의 평화는 있다. 개는 태평하게 소파에 누워 있다. 지구는 더워지지만 멸망까지 가지는 않을 것이다.

두려움에서 놀람으로 변하는 이런 태도 전환은 일종의 일상적인 부활이다. 생명의 소중함은 이렇게 생겨난다. 열심히 수련하면, 우리는 위기가 닥쳐도 태연하게 마주볼 수 있다.

위기는 결국 세계의 정상 상태를 반영한다는 것을 알기 때문이다. 영원한 변화를 동반하고 그것을 형성한다는 것을.

그러니 수련해야 한다.

끊임없는 평가와 배상 호소에서 벗어나는 길을. 의견 다툼과 아는 체하는 태도의 극복을. 지혜와 인내의 계발을. 복잡성의 포용을. 더 나은 미래와의 결합을.

인본주의적 미래파

새로운 믿음은- 새 교회를 세우거나 의식적으로 제한된 종교를 만들지 않는- 상호 보완 기능을 하는 여러 근원으로부터 자양분을 얻을 수 있다.

우선 극동의 영성이라는 원천이 있다. 여기서는 만물의 통일성이 전면에 부각되며 내면의 평화와 다른 존재에 대한 선함이 강조된다.

그중 많은 요소는 기독교에도 있지만, 그런 것들을 기독교의 힘의 이데올로기와 협소한 차원에서 해방시켜야 한다. 극동의 실천적인 경험은 깨어 있는 방식으로 우리 자신과 세상을 대하는 데 도움을 준다.

여기에는 세계의 모든 철학에서 일정한 역할을 하는 고대의 정신 유산이 있다. 고대의 사상가들은 무엇보다 인간의 비극적이고 희극적이며 신성한 요소에서 "인간적인 것"에 대한 생각을 펼쳤으며 여기서 인본주의에 대한 기초를 다졌다. 이때 스토아철학은 인간적인 드라마와 인간적인 희극을 조명하는 여러 가지 사고 가능성 중의 하나였을 뿐이다.

끝으로 양자물리학의 환상적인 의미가 포함된 자연과학이 있다. 양자물리학은 우리에게 분리된 것이 합일될 수 있음을 가르쳐주며, 소성단과 블랙홀의 경이를 설명해주는 물리학에 관해서도 다룬다.

시스템과학은 엔트로피와 창발성의 마법적인 인식을 담고 있다. 향후에 과학의 여왕이라고 할 생태학, 우리 인간의 내면세계를 연구하는 진화심리학, 인지심리학, 신경심리학의 현대적인 분야에 이르기까지, 모두가 스스로 우주를 생성하는 신비로운 우주, 의식의 우주라 할 수 있다.

이러한 인식과 결합의 요소에서 내가 잠정적으로 "인본주의적 미래파"라고 부르고 싶은 흐름이 형성된다. 여기서 미래파는 특정한 미래관을 의미하는 것이 아니라 현재 시점에서 미래를 타진하고 인식하는 태도, 미래 지향적인 삶과 존재를 말하는 것이다.

아니, 우리는 로봇이나 사이보그, 초인으로 변하지 않을 것이다. 우리는 또 "세계 파괴"를 하지도 않을 것이다. 우리는 단계적으로 모든 위기를 넘기며 진정한 것과 더 나은 것을 인식하는 법을 배울 것이다.

이런 과정을 믿어도 된다. 우리는 미래와 연결되어 있으며 현재 시점에 서 있는 미래의 메신저다. 우리는 우리 이전에 있던 것이나 우리 이후에 올 것과 단단히 결합되어 있다.

그러므로 우리는 무섭게 몰아치는 현재 시점에 혼자 외로운 존재가 아니라 시간 속에서 안전하다. 세계의 영원하고 불가피한 변화 속에 깊숙이 숨어 있는 존재다.

■
마치며
미래에서의 귀환

2020년 "코로나 이후의 세계"라는 내 글이 인터넷을 통해 논란을 빚은 이후, 나는 어쩌면 그렇게 틀린 말을 할 수 있냐는 질문을 끊임없이 받았다.

존경하는 호르크스 선생님

예상한 대로, 위기가 뭔가 좋은 영향을 줄 것이라는 당신의 예측은 실현되지 않았습니다. 사람들은 변하기는커녕 여전히 가장 편한 길만을 고집하며 위기에서 전혀 배우지 못하고 있습니다.

말씀하신 대로, 바람직한 인간적, 사회적, 경제적 포스트 코로나 효과가 일어날지, 저로서는 강한 의문이 듭니다. 메시지의 골자는 잘 알지만 믿음이 가지 않는군요. 글을 읽으면서 희망이 많은 생각을 낳는다는 인상을 받았습니다.

이 비판을 겸허히 받아들인다. 그러나 나로서도 정중하게 되묻고 싶다. 그러면 당신의 미래는 무엇인가?

당신은 바람이 없는가? 희망이 없는가?

그리고 아무것도 배울 것이 없다는 것 외에 당신은 무엇을 배우는가?

사람의 뇌는 위기가 닥치면, 매번 그와 관련된 근본적인 변화를 극복하려고 할 때마다 경직된 반응을 보인다. 그래서 과거의 정상(과거의 체념과 과거의 분노)이 의문시될수록 더 그것을 고집한다.

이때 내면의 긴장은 우리가 코로나 시대에 어디서나 보았던 분노를 일으킨다. 이것은 변화의 영향을 보여주는 분명한 신호다. 분노는 일종의 자기 자신에 대한 심리적 마찰이다. 미래 지향적인 눈으로 세계를 바라보지 못하는 무능력에 대한 반응인 것이다.

그런 맥락에서 우리 인간은 그때 나타날 수 있는 새로운 정상을 낡은 생각이나 낡은 기대를 이용해 찍어내리려고 한다. 우리의 자아를 우리의 기대감 속에서 확인하기 위해서다. 우리의 부정적인 기대 속에서. 이것이 처음에는 아주 성공적이다.

우리는 거대한 세계냉소주의에 빠진다. 그리고 거기서 아주 편한 기분을 맛본다.

어쩌면 내 말이 안 통하는 것도 내가 풀지 못하는 오해 때문인지 모른다. 내 글은 프로그노스Prognose 가 아니라 레-그노스Re-Gnose였다.

레그노스는 두려움이나 거기서 나온 분노의 시각과는 다르게 세상을 보는 법을 배우는 시간 여행 격려의 방식이다. 레그노스 속에서 우리는 해결책을 통해 발생한 미래의 위치를 가정한다.

내 글에서 나는 처음으로 예측가의 어법으로부터 예언자의 어법으로 한 걸음 더 나갔다. 예언자Prophet 는 늘 제한된 범위에서만 가능한, 멀리 떨어진 "객관적" 현실만을 기술하는 데 그치지 않는다는 점에서 예측가 Prognostiker 와는 구분된다.

예언자는 현재 속에서 인지행위에 영향을 미치려고 한다.

예언은 위험하다. 예언자들은 인지를 조종하면서 현실을 바꿀 수 있을지도 모르기 때문이다. 그리고 예언자는 추종자들을 산으로 데리고 가거나 심연에 빠트린다. (대부분 두 가지가 연달아 발생한다.)

하지만 내 의도는 조종하려는 것이 아니다. 그 대신 가능성에 대한 물음을 제기한다.

"우리에게 놀라운 일이 일어날 수 있지 않을까?"

놀라움이란 우리가 갑자기 세계를 새로운 눈으로 본다는 의미다. 그리고 변화된 인지를 통해 우리 자신이 변신하는 것을 말한다.

여러 가지 면에서 코로나 전염병은 실제로 이런 효과를 일으켰다. 코로나는 우리에게 깨달음을 주었다. 다만 우리 스스로 깨닫기 원할 때에 한해서. 코로나는 우리가 뭔가 보여주고 싶을 때, 변화의 불가피성과 가능성을 보여주었다.

코로나는 또 세상이 우리에게 도전하는 동안에는 세상이 금방 무너지지 않는다는 것도 보여주었다. 비록 우리가 암담한 두려움 속에서 늘 그렇게 믿는다 해도 말이다.

아마 이 점이 우리에게는 가장 놀라웠을 것이다.

희망의 한계

꽤 오래전 버락 오바마가 미국 대통령에 당선되었을 때, 우리는 대부분 훈훈한 느낌을 받았었다. 희망과 치유의 감정 같은 것을. 적어도 남편만큼이나 강력하고 멋진 아내를 둔, 흑인 인본주의자가 세계 최강대국의 대통령으로 선출되는 세계가 그렇게 나쁠 리는 없을 테니까.

호프HOPE는 오바마의 초상이 들어간 플래카드의 단순한 단어였다.

호프HOPE, 얼마나 멋진 단어인가!

호프HOPE, 그러나 희망을 품은 자에게는 아무 일도 일어나지 않는다.

그렇지 않은가?

오바마 자신은 지식인과의 토론에서 그 나름의 꽤나 영리한 태도로 결정적인 물음을 던졌다. "만일 우리가 틀렸다면?"

그 다음에 트럼프 시대가 이어졌다. 하지만 어쩌다 이 지경에 이르렀을까?

우리의 희망의 개수가 너무 적었던 것일까?

아니면 너무 많았던 것일까?

도대체 지나친 희망으로 미래를 걸고 도박할 수 있는 것인가?

희망은 아름다운 것이다. 우리는 희망 없이 살 수 없다. 그러나 희망에는 뭔가 수동적이고 굴종적인 것도 들어 있다. 사람들은 외부의 힘이 다가와서 **구원을 가져다주기를 기대한다.**

이 불확실한 희망의 공간을 어둠의 세력이 차지할 수 있다.

수동적인 희망은 우리 마음속에서 초강력의 힘을 발휘하는 뭔가에 집착하게 만들 때가 많다.

우리는 새로 시작하는 대신, 어색하게 과거의 것에 매달린다.

단테 알리기에리는 〈신곡〉에서 인간의 고통을 묘사하고 찬양하는 대목을 통해 "모든 희망을 버려라"라고 표현했다. 이 대작이 중세 초기의 종교적인 작품과 다른 점은, 인간에게 선택권이 있다는 것이다.

인간은 운명의 피해자로서뿐 아니라, 변하는 자로서, 놀라는 자로서 연옥과 거기서 올라가는 과정을 통과했다.

때로는 희망을 버리는 것이 낫다. 그리고 삶과 현실에 더 집중하는 것이다. 세상을 새로 파악하는 어린 아이처럼 순진하고 놀란 눈으로.

스스로 책임질 수 있는 사람들

내가 어릴 때인 70, 80년대에는 다른 세상을 원하던 사람들이 제기하는 심오한 물음이 있었다.

인간은 먼저 자기 자신을 변화시켜야 하는가? 아니면 사회를 바꾸는 일이 먼저인가?

오늘날은 당시 이 논쟁이 얼마나 뜨겁고 혹독하게 벌어졌는지 상상할 수 없을 것이다.

혁명이냐, 명상이냐?

의식의 확장이냐, 정치적 투쟁이냐?

심리학이냐, 경제학이냐?

닭이 먼저냐, 달걀이 먼저냐?

적지 않은 내 친구들은 영적 여행을 떠났다. 마약을 했고 온갖 향과 마법을 가지고 스스로 변하려 했으며 인도로 또는 아야와스카를 마시고 꿈을 꾸는 아마존 부족의 땅으로 여행을 갔다.

바그완^{Bhagwan} 같은 구루의 변신 수련원에서는 에로틱한, 일종의 영적 세뇌 작업이 이루어졌다. 온갖 영적 쓰레기를 말끔히 제거하고 잘못된 생각과 감정으로부터 벗어나 궁극적으로 정화된다는 것이었다.

그러나 이런 짓은 대부분 위생 조건이 맞지 않아 잘못되기 일쑤였다. "사회를 급진적으로 바꾸려는" 시도는 훨씬 더 잘못되었다.

그 사이에 나는 앞에서 제기한 두 가지 명제가 **상호관계** 속에서만 가능하다고 확신하기에 이르렀다.

인간은 타인과의 관계 속에서만 변화할 수 있다는 것이다.

그리고 사람은 자기 변신을 통해서만 "사회"를 바꿀 수 있다. 스스로 미래를 지향하면서 말이다.

이런 상호 얽힘을 지금도 여전히 **대안**으로 바라본다면 - 양자택일의 - 오늘날은 몹시 혼란스러울 것이다.

이런 결합의 실마리가 되는 것이 "해방"이다.

요즘 관점에서는 한물간 단어지만 여전히 중요한 말이다. 나는 이 말을 되살릴 필요가 있다고 본다.

해방은 사회 변화를 인간의 자기 변신의 조건으로 받아들이지 않기 때문이다. 대신 이것은 뭔가 내면의 성장과 관계가 있다.

해방되는 사람은 자기 내면에서 스스로 성장하고 자신을 형성하는 과정에서 사회를 변화시킨다.

사회의 미래가 형성되는 것은 인간이 스스로 책임질 수 있을 때이지, "상황"이나 "지배층"에 대한 불만을 터뜨릴 때가 아니다.

생성의 고리

그러면 지금 여기서 기술하는 흐름이 현실화된다는 말인가?

이 질문은 미래 경기장에 참여하는 선수 명단에서 우리를 배제한다는 점에서 잘못된 것이다.

미래는 그냥 오는 것이 아니다. 비록 코로나 같은 재난 상황에서 그렇게 보일지라도, 미래는 갑자기 문을 박차고 들어오는 것이 아니다.

미래는 무료 배송 서비스로 집에 배달되는 것이 아니다. "우리를 향해" 다가오는 것이 아니라는 말이다.

미래는 지팡이를 짚고 선물 보따리를 들고 오는 산타클로스와는 달리 아무것도 가져다주지 않는다.

코로나는 여러 가지로 영향을 주었다. 세계는 움직였고 이 움직임은 뭔가 새로운 것으로 이어질 수 있다.

우리는 이 움직임을 인지할 수 있다. 그리고 우리의 존재와 행위를 통해 그 움직임을 강화할 수 있다. 어느 방향으로든.

내가 이 책에서 시도한 것은, 코로나에 따르는 구조적인 가능성에 대한 묘사다. 복잡한 추세의 가속화와 압축이라고 말할 수도 있다.

이런 가능성의 실현을 위해 우리에게 필요한 것은 희망과 신뢰 외에 믿음이다.

지금 내가 말하는 것은 종교적인 믿음이 아니라 인간 자신보다 더 큰 뭔가를 가리키는 가치체계, 가능성의 공간으로서 미래와 우리를 연결해주는 차원 같은 것이다.

우리는 우리가 익힌 부정과 자기 경멸, 세계 저주와 작별하는 데 성공하기를 바랄 수 있다. 또 내면에 구조적인 변화의 에너지가 있어 낙담하거나 불안해하지 않는 사람들이 많다고 확신할 수도 있다.

우리는 인류가 걸어온 길고 피비린내 나는 고통과 희망의 길이 이 과정에서 발전하는 진화의 의미를 따를 것이라고 예측할 수도 있다.

미래는 내면의 결정이다.

지나침보다 넉넉함을 위하여.

두려움 대신 포용을 위하여.

증오 대신 깨어 있음을 위하여.

냉소주의 대신 신뢰를 위하여.

미주

1   Tara Law, "We're in the Third Quarter of the Pandemic. Antarctic Researchers, Mars Simulation Scientists and Navy Submarine Officers Have Advice For How to Get Through It", Time, 2021. 02. 26. https://time.com5942577/ third-quarter-covid-19-pandemic-advice/?utm_medium=email&utm_source=sfmc&utm_campaign=newsletter+health-thursday+default+ac&utm_content= +++20210325+++body&et_rid=92305293

2   Michael Lehofer, Mit mir sein, Selbstliebe als Basis für Begegnung und Beziehung, Wien 2017, 131쪽

3   Lea Dohm, Malte Klar, "Einstehen für das, was uns am Herzen liegt", Psychologie Heute 5/21, 33쪽

4   Thinktank Global Future, Studie "How Covid changed our minds", 2021 07. 12. https://ourglobalfuture.com/ reports/how-covid-changed-our-minds

5   Klaus Bergdolt, Der Schwarze Tod in Europa, Die große Pest und das Ende des Mittelalters, München 2017, 31쪽

6   Giosuè Carducci, Bergdolt 2017, 63쪽에서 재인용.

7   Frank Snowdon: "Dies ist eine Gelegenheit, die Welt sicherer und besser zu machen", Die Zeit, 2021. 02. 10.

8   Stefan Klein, Wie wir die Welt verändern, Eine kurze Geschichte des menschlichen Geistes, Frankfurt a. M. 2021, 229쪽

9   Egon Fridell, Kulturgeschichte der Neuzeit, München 1969, 63쪽

10   Charles A. Goodhart, Donato Masciandaro & Stefano Ugolini (2021): "Pandemic Recession, Helicopter Money and Central Banking: Venice, 1630", Discussion Paper, Januar 2021, http://eprints.lse.ac.uk/108555/1/Goodhart_pandemic_recession_helicopter_money_central_banking.

pdf

11 Giosuè Carducci, Bergdolt 2017, 152쪽에서 재인용

12 Johannes Böhme, "Heilsame Krise: In schwierigen wirtschaftlichen Zeiten leben die Menschen gesünder – und länger. Wie kann das sein?", in: brand eins 12/2020

13 Rebecca Solnit: A Paradise Built in Hell, Extraordinary Communities That Arise in Disaster, New York 2009, 2쪽

14 Solnit 2009, 135쪽 이하 참조

15 Solnit 2009, 305쪽 참조

16 Simran Jeet Singh, "In India, Civil Society Groups Fill the Void as the Government Fails to Confront COVID-19", Time Magazine, 2021. 05. 14, https://time.com/6047859/india-covid-19-civil-society-groups

17 Niall Ferguson, "Nach Corona: Die Welt hat sich verändert. Wir müssen das auch", Neue Züricher Zeitung, 2020. 05. 11, https://www.nzz.ch/feuilleton/niall-fergusonwie-das-coronavirus-unsere-welt-veraendert-ld.1555945

18 한 번의 강의로도 로슬링의 에너지를 보여줄 수 있다: https://www.youtube.com/watch?v=Sm5xF-UYgdg

19 딱딱하기 그지없는 변화이론을 살피고 싶은 사람에게는 미국의 복잡성 연구가인 네이선 쿠르츠 Nathan Kurz의 "분기 이론(Bifurcation Theory)" 강연을 추천한다. 경고 주의! https:// www.youtube.com/watch?v=aHs3pnpeJ38

20 Ada Newsletter, 2021. 봄, https://ada-magazin.com/de/-de

21 Jaron Lanier, Zehn Gründe, warum du deine Social Media Accounts sofort löschen musst, Hamburg 2018

22 Medienpädagogischer Forschungsverbund Südwest, JIM-Studie 2020, Stuttgart 2020, 20쪽

23 K-Hole, Youth Mode: A Report On Freedom, 27쪽, https://khole.net (필자 역)

24 Moya Sarner, "The Social Biome: How to Build Nourishing Friendships-and Banish Loneliness", The Guardian, 2021. 03. 24, https://www.theguardian.com/lifeandstyle/2021/mar/24/the-social-biome-how-tobuild-nourishing-friendships-and-banish-loneliness (필자 역)

25 Jack Kelly, "Google Wants Workers to Return to the Office Ahead of a Schedule: This Looks Like a Blow tot he Remote-Work Trend", Forbes, 2021. 04.01,https://www.forbes.com/sites/jackkelly/2021/04/01/googlewants-workers-to-return-to-the-office-ahead-ofschedule-this-looks-like-a-blow-to-the-remote-worktrend/?sh=11a0b31f1575 (필자 역)

26 Evelyn Blackwell, "Do you have a fear to return to the office?", The Guardian 2021. 05. 23 (필자 역)

27 Annie Auerbach, Flex: Reinventing Work for a Smarter, Happier Life, New York 2021, 12쪽 (필
    자 역)

28 "The Pandemic Revealed How Much We Hate Our Jobs, Now We have a Chance to Reinvent
    Work", TIME Magazine, 2021. 02. 24, https://time.com/ 6051955/work-after-covid-19/

29 Luisa Jacobs, "Die Viertagewoche könnte auch in Deutschland funktionieren", Jack Kellam
    과의 인터뷰, ZEIT Online, 2021. 07. 08, https://www.zeit.de/arbeit/2021-07/island-4-tage-
    woche-reduktion-arbeitszeitpolitikwissenschaftler-jack-kellam

30 Laurie Penny, "Productivity is not working", Wired, 2021. 04. 17, https://www.wired.com/
    story/questionproductivity-coronavirus (필자 역)

31 Michael Goldhaber, "Attention Shoppers!, The Currency of the New Economy won't be
    money, but attention", Wired, 1997. 01. 12, https://www.wired.com/1997/12/es-attention (필
    자 역)

32 Jenny Odell, Nichts tun, Die Kunst, sich der Aufmerksamkeitsökonomie zu entziehen,
    München 2021, 137쪽

33 "As lockdowns lift, media firms brace for an 'attention recession'", The Economist, 2021. 07.
    01.

34 "Autorin Susanne Kaiser über radikalisierte Männer", WDR3 Resonanzen, 2020. 11. 17. 참
    조. https://www1.wdr.de/mediathek/audio/wdr3/wdr3-resonanzen/audio-autorin-susanne-
    kaiser-ueber-radikalisiertemaenner-100.html

35 Ece Temelkuran, Together– 10 Choices for a Better Now, London 2021, 84쪽 (필자 역)

36 Michael Baumgart, William McDonough, Intelligente Verschwendung, The Upcycle: Auf dem
    Weg in eine neue Überflussgesellschaft, München 2013

37 Sara Tirelli와 Jens Nicolai의 놀라운 영화도 참조:
    https://www.spiegel.de/panorama/gesell schaft/venedig-nach-corona-zurueck-zum-
    massentourismus-a-4bd1cea2-3ff1-4478-a1de-1dffda613707

38 독일관 프로그램 안내문에서, https://www.e-flux.com/announcements/394001/2038-the-new-
    serenity (필자 역)